Success15 fifteen

サクセス15
June 2013
6

http://success.waseda-ac.net/

■ CONTENTS ■

07 今年出た！
高校入試の記述問題にチャレンジ

14 環境を変えると気分も変わります！
図書館で勉強しよう

18 SCHOOL EXPRESS
すべての人と社会に対する責任を
進んで果たす人間の形成を目的と
青山学院高等部

22 School Navi 159
実践学園高等学校

23 School Navi 160
上野学園高等学校

24 Focus on 公立高校
学業も課外活動もすべてに全力
文武両道を極め青春を謳歌する
東京都立国立高等学校

REGULAR LESSONS

6 早稲田アカデミー主催2013高校入試報告会
17 トウダイデイズ
28 和田式教育的指導
30 正尾佐の高校受験指南書
34 宇津城センセの受験よもやま話
36 東大入試突破への現国の習慣
38 楽しみmath数学！DX
で読む名作
みんなの数学広場
に聞け！大学ナビゲーター
も日本語 これも日本語
テリーハンターQの歴男・歴女養成講座
50 世界の先端技術
51 頭をよくする健康
52 サクニュー！
53 サクセス書評
54 Success Cinema
55 高校受験ここが知りたいQ&A
56 なんとなく得した気分になる話
58 15歳の考現学
60 私立INSIDE
64 公立CLOSE UP
68 高校入試の基礎知識
70 中学生のための学習パズル
72 私立高校の入試問題に挑戦!!
74 サクセスランキング
75 サクセス広場
81 イベントスケジュール
82 Success15 Back Number
83 さくいん
84 編集後記

お気軽にお問い合わせください。
詳しい資料をすぐにお送りします。

7校定員 1610名

399名合格!

都県立難関校対策も
早稲アカ!!

都立 日比谷 西 国立
178名合格

県立 千葉・船橋・東葛飾
38名合格

県立 浦和 浦和一女・大宮・川越 川越女子・春日部
124名合格

全国No.1	ICU	82名
全国No.1	明大明治	128名
全国No.1	明大中野	148名
全国No.1	成蹊	45名
全国No.1	渋谷幕張	116名
全国No.1	城北	89名

当塾史上最高数更新!!

慶應女子	ICU	巣鴨
明大明治	成蹊	桐朋
明大中野	渋谷幕張	城北

※No.1表記は2013年2月・3月当社調べ　※過去最高数表記は当社比較

の難関高校に合格させる…
「目標」に変え、「現実」にする力があります!

して合格させることに価値があると、私たちは全力で教務システムのレベルアップに取り組んできました。そして10数年間ひたすら合格実績を伸ばし続けてきたのです。事実、早稲田アカデミーにご入塾頂く生徒は、ごく一部首都圏外から毎週新幹線で通う生徒もいますが、そのほとんどは近所の普通の学力の子供たちで、例えば偏差値70以上が必要とされる開成・国立附属・早慶附属高校に進学した生徒の中1当時の偏差値は、4割以上が40台から50台なのです。早稲田アカデミーがこの10数年間で培ってきた、生徒を本気にさせ学力を飛躍的に伸ばすノウハウは、どの進学塾にも負けることはないと胸を張れる完成度となりました。それは今年の結果でも証明できたと考えています。

受験勉強を通して子供たちは大きく成長します。

受験勉強を否定的に捉える人もいますが、私たちは極めて肯定的に捉えています。なぜならやり方・取り組み方によっては「何事にも本気で取り組む姿勢」「苦しさつらさをはねのける強さ」「一生なくならない高い学力・思考力」を身につけさせることができるからです。そして夢にまで見た憧れの学校に合格した感動や自信は一生消えない生徒自身の宝になり、支える家族にとって何物にもかえがたい宝物になるからです。開成高校や早慶附属高校に進学していない生徒さんも、成績を飛躍的に伸ばし他の難関校に進学される方がほとんどであり、早稲田アカデミーで頑張ってよかったと、毎年大変多くの感謝の声を頂いております。

現在早稲田アカデミーに通われている皆様、そしてこれから早稲田アカデミーに入塾される皆様の信頼と期待にお応えするために、私たちはこれからも、全力で最高の進学塾創りに取り組み続けて参ります。

酒井　和寿
早稲田アカデミー
教務部 中学課 課長
高校入試部門 統括責任者

お問い合わせ、お申し込みは早稲田アカデミー各校舎または本部教務部 03（5954）1731 までお願いいたします。

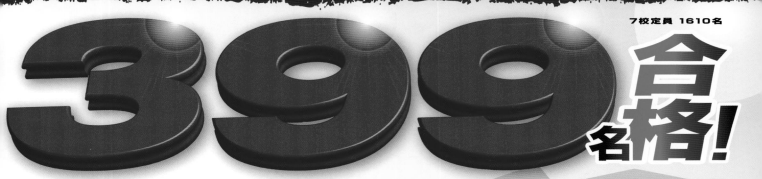

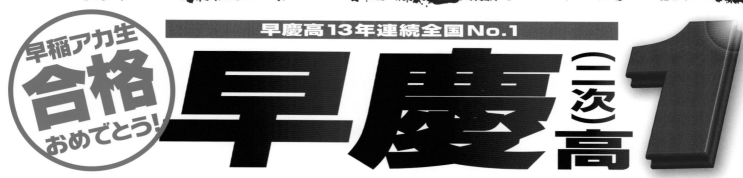

6月生・7月生・夏期講習生

新入塾生受付中!!

早稲田アカデミーイメージキャラクター伊藤 萌々香（Fairies）

～通って本当に良かった～
心からそう思える塾選びをしたい。

早稲田アカデミーは、発足以来一貫して「本気でやる子を育てる」という教育理念に基づき授業を展開して参りました。結果として、毎年多くの難関中高への合格を勝ち取り、通っていただいた生徒・保護者の方々から多くの感謝のお言葉をいただいております。志望校合格という目標に向かって自ら進んでいく力、困難に打ち勝つ力。そんな本当に価値のある、真の実力が身につく環境が早稲田アカデミーにはあります。子供たち一人ひとりを強く大きく成長させ、合格させるシステムが早稲田アカデミーにはあります。ぜひ一度、早稲田アカデミーのドアを叩いてみてください。我々は自信を持ってお迎えします。受験に向け、一緒に歩む道を選択していただけることを、心よりお待ちしています。

今すぐ 無料体験授業に参加しよう!

大切なお子様一人ひとりをしっかりと見させて頂きます。お電話一本で簡単にお申し込みできます。まずは体験授業にご参加ください。

小3～中3 入塾テスト 毎週土曜日

教　　科▶小学生／算数・国語
（小5・小6受験コースは理社も実施）
中学生／英語・数学・国語
時　　間▶14:00～

テスト代▶2,000円
会　　場▶早稲田アカデミー各校舎
お申し込み▶お電話にてご予約ください。

- 今の君の学力を判定します。
- もちろんテストのみの受験も大歓迎です。お気軽にお申し込みください。
- 小3～中3までの方ならどなたでも受験できます。

テストの後は… 無料学習カウンセリング

入塾テストの結果をもとに中学・高校受験に精通した講師による詳しいカウンセリングを行います!

- 得意分野・弱点科目を分析します。
（塾がはじめての方は、テストの点数の良し悪しは気にする必要はありません。）
- 今後の学習のポイントをお教えします。
- 最新の入試情報もお伝えします。
- 勉強の仕方についてもご説明します。

早稲田アカデミー　お申し込み・お問い合わせはお気軽にどうぞ！

東京23区

池袋校	03(5992)3411（代）
御茶ノ水校	03(3233)6171（代）
渋谷校	03(3407)9211（代）
WAC新宿校	03(3340)5521（代）
早稲田校	03(3203)4981（代）
中野富士見町校	03(3382)2461（代）
高円寺校	03(3314)6001（代）
荻窪校	03(3220)0811（代）
久我山校	03(5370)2661（代）
下高井戸校	03(5376)2781（代）
井荻校	03(3396)8471（代）
茗荷谷校	03(5976)8251（代）
都立大学校	03(3725)5331（代）
成城学園前校	03(5490)5911（代）
千歳烏山校	03(3305)9981（代）
千歳船橋校	03(3439)9331（代）
三軒茶屋校	03(5481)3661（代）
桜新町校	03(3425)4711（代）
上野毛校	03(5707)0151（代）
高輪台校	03(3280)0511（代）
大森校	03(3772)3911（代）
雪が谷大塚校	03(3728)7731（代）
池上校	03(3751)9211（代）
戸越公園校	03(5751)4421（代）
月島校	03(3533)9411（代）
平和台校	03(3931)8051（代）
中村橋校	03(3926)3871（代）
石神井公園校	03(3995)5211（代）
ときわ台校	03(5970)4921（代）
成増校	03(5383)3101（代）
高島平校	03(3933)4281（代）
西日暮里校	03(5811)4751（代）
赤羽校	03(3903)3511（代）
綾瀬校	03(5697)2081（代）
西新井校	03(3886)8611（代）
木場校	03(3630)8951（代）
葛西校	03(5658)2071（代）
瑞江校	03(3678)8201（代）

多摩地区

町田校	042(739)0211（代）
つくし野校	042(795)9451（代）
吉祥寺校	0422(22)7901（代）
武蔵境校	0422(33)4611（代）
調布校	042(499)7611（代）
つつじヶ丘校	042(441)7481（代）
武蔵小金井校	042(384)1311（代）
国分寺校	042(328)1911（代）
国立校	042(571)2411（代）
立川校	042(529)3411（代）
府中校	042(360)8711（代）
聖蹟桜ヶ丘校	042(376)2311（代）
東伏見校	042(467)4531（代）
田無校	042(467)1451（代）
東久留米校	042(474)5301（代）
東村山校	042(391)0862（代）
東大和市校	042(343)3411（代）
八王子校	042(644)9501（代）
南大沢校	042(678)6981（代）
羽村校	042(579)5661（代）
国研	042(576)3191（代）

早稲田アカデミーの今春の合格実績について話す城西ブ
ロック ブロック長兼吉祥寺校校長・相澤好寛先生

資料を見ながら熱心に講演を聴く参加者の様子
（都立西・国立入試報告会）

都立西・国立の入試状況と対策について話す国研　村上真載先生

満席になった国立附属・慶應女子入試報告会

男子難関校を取り巻く環境について話す特化ブ
ロック ブロック長兼ExiV西日暮里校校長・宇津
城靖人先生

国立附属・開成入試報告会で講演する教務部次長兼中学課長・酒井和寿先生

筑波大学附属駒場・筑波大学附属や開成の入試状況と対策について話す城北ブロック ブロック長兼池袋校校長・登木隆司先生

早稲田アカデミー主催

2013 高校入試報告会

- 3/27 国立附属・開成高校
- 3/29 国立附属・慶應女子高校
- 4/2 都立日比谷・戸山高校
- 4/4 都立西・国立高校

5月号に引き続き、早稲田アカデミー主催の首都圏難関高校入試報告会の様子をお伝えします。

２０１３年度高校入試において、圧倒的な合格実績を残した早稲田アカデミー。地域別入試報告会のほかにも、国立附属校（筑波大学附属駒場・筑波大学附属・お茶の水女子大学附属・東京学芸大学附属）、開成・慶應女子高校などの最難関高や、難関都立高（日比谷・戸山・西・国立）に焦点を当てた学校別の入試報告会も開催しました。

この入試報告会では、学校ごとの詳細な入試情報を聞くことができるので、その学校をめざすお子さまを持つ多くの保護者が集いました。また、今回の入試報告会は春休み期間中の開催であったため、親子で参加される方の姿も多く見られました。

入試報告会では、はじめに早稲田アカデミーの専門スタッフによる各校の今春の入試状況が説明され、その後、学校ごとの問題分析と、それをふまえた合格のための学習法がスライドを用いて詳しく説明されました。

最難関高の入試は、ほぼ例年どおりの状況でした。一方で、難関都立高については、今春から新たに推薦入試で集団討論が取り入れられました。その新たな試みについても、心がけるべきポイントを聞くことができました。

受験のプロである早稲田アカデミーによる講演は、参加された保護者のみなさまにとって、貴重な情報を得る機会となったことでしょう。

今年でた！

高校入試の記述問題にチャレンジ

新学期が始まって早くも1カ月。3年生はいよいよ受験生です。
志望校がすでに決まっている人も、まだの人も、いまの自分の実力を確かめてみませんか？
今月号では、今年出題された入試問題を紹介します。そのなかでも、得意・不得意が大きく分かれる記述問題をピックアップしました。解説を参考にして、難関私立校・国立校・公立校など、さまざまな学校の問題にチャレンジしてみてください。

〈問題掲載校〉

開成
東京学芸大附属
都立青山
慶應義塾女子
国際基督教大高（ICU）
都立西
神奈川県共通問題
千葉県共通問題

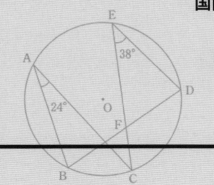

開成高等学校

1　(4)「四角形ABCDが，ある点Oに関して点対象な図形であるならば，四角形ABCDは平行四辺形である。」が成り立つ理由を簡潔に説明せよ。

【解答・解説】

数学の基礎・土台の部分の理解をあらためて試す問題です。

四角形が次のいずれかの条件に当てはまるとき平行四辺形になります。

［平行四辺形になるための条件］

・２組の対辺がそれぞれ平行（平行四辺形の定義）
・２組の対辺がそれぞれ等しい
・２組の対角がそれぞれ等しい
・対角線がそれぞれの中点で交わる
・２組の対辺が平行で、その長さが等しい

解答

点Oに関して、頂点Aと頂点Bが対応しているとすると、頂点Cと頂点Dが対応するので、直線 ABに関して頂点Cと頂点Dは異なる側に位置することになる。このとき、点A、B、C、Dを順に結んだ図形は四角形にはならない。頂点Aと頂点Dが対応しているとした場合も同様である。
したがって、点Oに関して、頂点Aと頂点Cが対応し、頂点Bと頂点Dが対応する。このとき、点対称の定義から点Oは線分 AC、線分 BD の中点である。
よって、四角形 ABCD は、対角線がそれぞれの中点で交わるから平行四辺形である。

ポイント　図形の基本性質をきちんとおさえておくことが大事です。
難しく考えすぎずに、つねに基礎基本に戻って考えることで、解答できるはずです。

東京学芸大学附属高等学校

3　直線$y=2x$上に点Pがあり，そのx座標は正である。点Pを通り傾きが1の直線をℓ，点Pを通り傾きが$-\frac{3}{2}$の直線をmとする。また，直線ℓ，mとx軸との交点をそれぞれQ，Rとする。このとき，次の各問いに答えなさい。

(1) 点Qの座標が（－１，０）であるとき，点Rの座標を求めなさい。

(2) QR＝４であるとき，点Ｐの座標を求めなさい。

(3) x座標，y座標がともに整数である点を格子《こうし》点《てん》という。３点P，Q，Rがすべて格子点であり，△PQRの３辺上にある格子点の総数が108個であるとき，点Ｐの座標を求めなさい。求める過程も解答用紙の所定欄に書きなさい。

【解答・解説】

傾きと通る１点が与えられると直線は１次関数の公式で表せます。点Pは直線$y=2x$上にあり、Pのx座標を文字で表すとy座標も決まるので、l、mの式をその文字を用いて表すことができ、その結果、Q、Rの座標も文字で表すことができます。

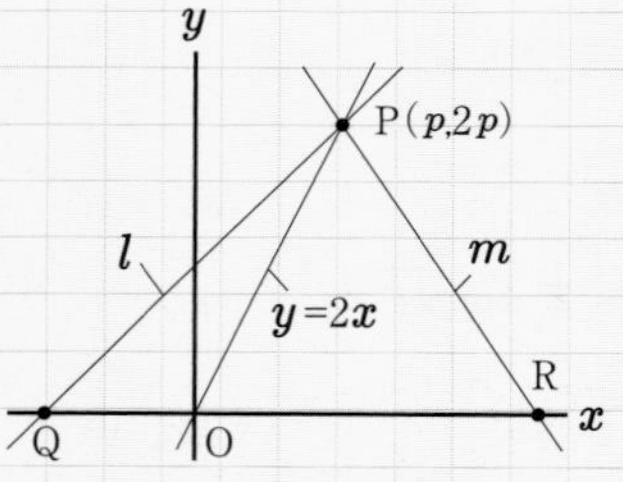

この手順に沿って考えていくと、Pの座標を（p，$2p$）とおけます。直線lは傾き１で、（p，$2p$）を通るので、lの式は$y=x+p$と表せます。よって、点Qの座標は$y=0$を代入してQ($-p$，0)となります。また、直線mは傾き$-\frac{3}{2}$で、(p, $2p$)を通るので、mの式は$y=-\frac{3}{2}x+\frac{7}{2}p$と表せます。よって、点Rの座標は$y=0$を代入してR($\frac{7}{3}p$，0)です。

(1) 点Qの座標が（－１，０）のとき$p=1$だから、点Rの座標は（$\frac{7}{3}$，0）

解答（$\frac{7}{3}$，0）

(2) QR＝$\frac{7}{3}p-(-p)=\frac{10}{3}p$ だから、QR＝４のとき、$\frac{10}{3}p=4$が成り立ちます。これを解いて、$p=\frac{6}{5}$となります。
よって、P($\frac{6}{5}$，$\frac{12}{5}$)

解答（$\frac{6}{5}$，$\frac{12}{5}$）

解答

(3) 直線lの傾きは１であるから、l上の点のx座標が整数であればy座標も整数。よって、辺PQ上（辺の両端を含む）にある格子点の個数は、$p-(-p)+1=2p+1$（個）………①同様に辺QR上にある格子点の個数は、
$\frac{7}{3}p-(-p)+1=\frac{10}{3}p+1$（個）………②
直線mの傾きは$-\frac{3}{2}$であるから、x座標が２増加するごとにm上に格子点が１個現れる。よって、辺PR上にある格子点の個数は$(\frac{7}{3}p-p)\times\frac{1}{2}+1=\frac{2}{3}p+1$（個）………③
①～③でP、Q、Rの各頂点は２度ずつ数えているので、△PQRの３辺上にある格子点の総数は、①＋②＋③－３＝$6p$（個）
よって、$6p=108$が成り立つので、$p=18$
これにより、**P(18，36)**

ポイント　図が与えられていない問題の場合には、必ず自分で図を書いて考えることが大切です。
グラフや図形などを、題意に沿って書くことで、解答への糸口が見つかりやすくなります。

東京都立青山高等学校

4　右の図に示した立体ABCD－EFGHは，1辺の長さが6㎝の立方体である。

頂点Aと頂点C，頂点Fと頂点Hをそれぞれ結ぶ。

点Pは，頂点Aを出発し頂点Cに向かい，線分AC上を一定の速さで動き8秒後に頂点Cに到着し，停止する。

点Qは，点Pが頂点Aを出発するのと同時に頂点Hを出発し頂点Fに向かい，線分FH上を一定の速さで動き6秒後に頂点Fに到着し，停止する。

線分ACの中点をMとする。

次の問いに答えなさい。

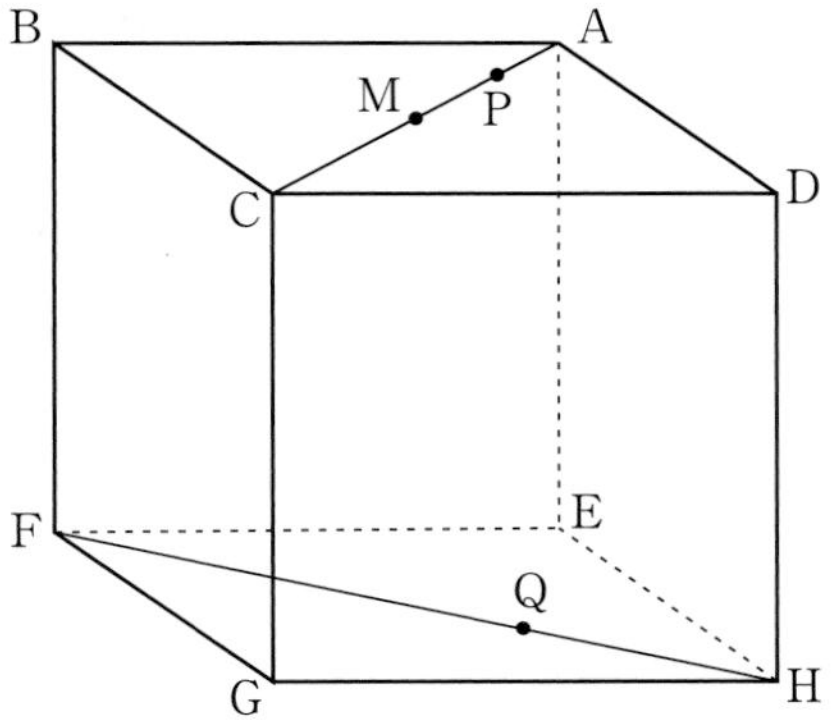

（3）　頂点Hと点P，頂点Hと点M，点Pと点Q，点Mと点Qをそれぞれ結んでできる立体H－PMQの体積が立方体ABCD－EFGHの体積の$\frac{1}{36}$となるときが2回ある。点Pが頂点Aを出発してから何秒後と何秒後のときか。

ただし，点Pが点Mと一致する場合については考えないものとする。

また，解答欄には，答えだけでなく，答えを求める過程が分かるように，途中の式や計算なども書きなさい。

【解答・解説】

点の移動の問題で条件を満たす時間を求める場合は、時間を文字に置き換えて方程式を立てます。時間をtとおき、面HMQ⊥直線ACであることに注目すると、立体H－PMQの体積がtで表せることがわかります。

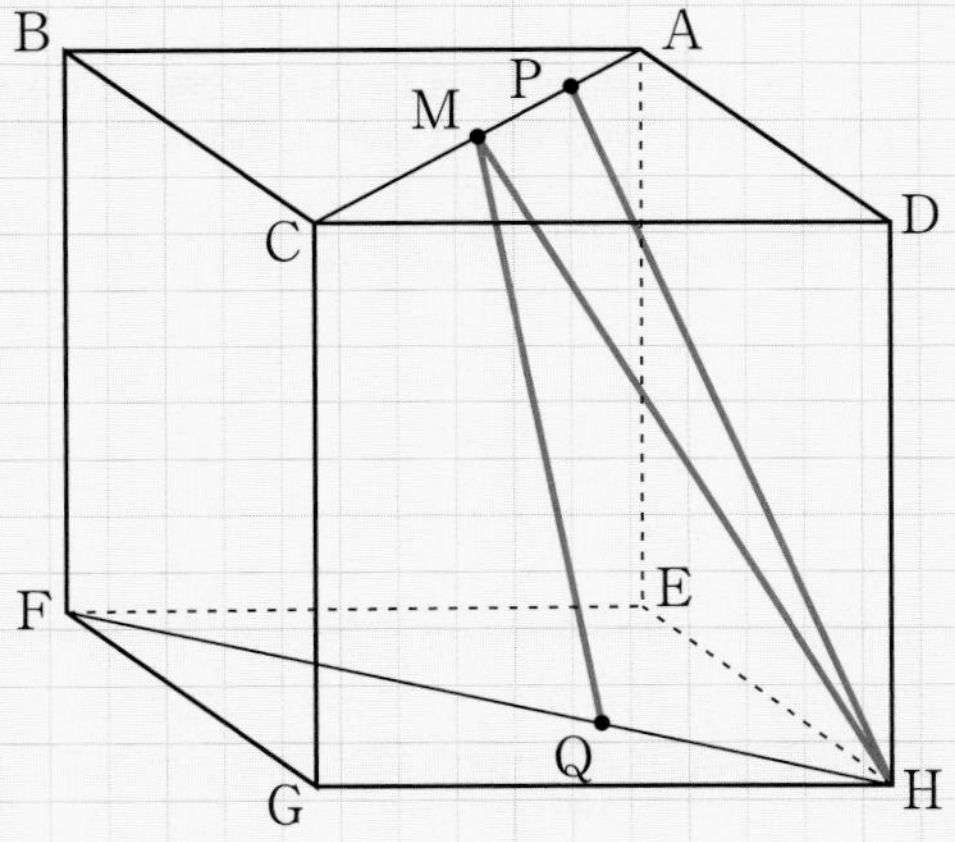

解答

立体H－PMQの体積は、立方体ABCD－EFGHの体積の$\frac{1}{36}$であるから、6cm^{3}である。

面HMQ⊥直線ACであるから立体H－PMQの体積は、△HMQを底面、PMを高さとして求めることができる。

点Pの移動する速さは毎秒$\frac{3\sqrt{2}}{4}$(cm)、点Qの移動する速さは毎秒$\sqrt{2}$(cm)であるから、点Pが頂点Aを出発してt秒後とし、立体H－PMQの体積をV(cm^3)すると、

（ア）$0<t<4$のとき、

$V=\frac{1}{3}\times\triangle HMQ\times PM=\frac{1}{3}\times 3\sqrt{2}t\times(3\sqrt{2}-\frac{3\sqrt{2}}{4}t)=\frac{3}{2}t(4-t)$

よって、$\frac{3}{2}t(4-t)=6$　が成り立つ。

これを解いて、$t=2$

これは$0<t<4$を満たす。

（イ）$4<t<6$のとき、

$V=\frac{1}{3}\times\triangle HMQ\times PM=\frac{1}{3}\times 3\sqrt{2}t\times(\frac{3\sqrt{2}}{4}t-3\sqrt{2})=\frac{3}{2}t(t-4)$

よって、$\frac{3}{2}t(t-4)=6$　が成り立つ。

これを解くと、$t=2\pm2\sqrt{2}$

ここで、$4<t<6$より、$t=2+2\sqrt{2}$

（ウ）$t\geqq6$のとき、点Qは頂点Fで停止している。

$t=6$のとき、$V=\frac{1}{3}\times18\sqrt{2}\times\frac{3\sqrt{2}}{2}=18$（cm^3）であり、これ以降点Pが頂点Cに到着して停止するまで、Vの値は増加し続けるので、V＝6になることはない。

(ア)～(ウ)より、求める時間は、**2秒後と$2+2\sqrt{2}$秒後**である。

ポイント　「答えを求める過程」とは、考え方の道筋をさします。
解答にいたる計算式や理由などを簡潔に書くようにしましょう。

国際基督教大学高等学校（ICU）

V　下の絵を見て、あとの設問に答えなさい。

A．絵２に入る説明文のうち、下線部の意味を表す英文を書きなさい。
ただし10語以上使うこと。

On that day after school, 彼女は靴箱の前に立っていて、一人で家に帰るのが不安そうだった。

B．絵３の吹き出しに入る英文を10語以上使って書きなさい。二つ以上の文になっても構いません。

【解答・解説】

設問は、連続した絵を見て話の流れをつかみ、各問いに英文を作って答えるというものです。

A. 絵２に入る説明文のうち、下線部の日本語は「彼女は靴箱の前に立っていて、一人で家に帰るのが不安そうだった」と過去の文になっています。

「靴箱の前に立っていて」は過去進行形の文で “was standing in front of the shoe boxes” あるいは “while (she was) standing in front of the shoe boxes” と作れます。

「一人で家に帰るのが不安そうだった」では、「～そうだった＝～そうに見えた」を “looking” あるいは “looked” で表し、「～するのが不安な」を “worried [uneasy] about” とし、そのあとの「一人で家に帰る」を「一人で家に帰ること」と動名詞を使った “going home alone [(all) by herself]” にして続けます。

これらをつなぎ合わせると以下のような解答例ができます。(なお、“On that day after school,” のあとに続けるので「小文字」で始めること）

A. 解答例 1
she was standing in front of the shoe boxes, looking worried about going home alone. (15words)

A. 解答例 2
she looked uneasy about going home (all) by herself while standing in front of the shoe boxes. (17words)

B. 絵３の吹き出しに入る英文は、絵４の返答の台詞からその内容を考えます。絵４で女の子が話す英文は「もちろん、そうします！（あなたが私に）聞いてくれて嬉しいです。私たちがお互いに近いところに住んでいると知ってよかったです」という意味です。したがって、「近くに住んでいる」「聞いてくれた」がポイントとなる質問の英文を作ります。

B. 解答例 1
「こんにちは。あなたは３丁目に住んでいますよね？　私も同じ住所なので、いっしょに帰りますか？」
Hi. You live in San-chome, don' t you? I live there, too, so do you want to go home with me? (20 語)

B. 解答例 2
「こんにちは。あなたが本屋の近くに住んでいると聞きました。私もその本屋の近くに住んでいるよ。いっしょに帰りませんか？」
Hi. I heard you live near the bookstore. I live near the bookstore, too. Why don' t we go home together? (20 語)

ポイント　問題部分の前後の絵を見て、ストーリーの流れをきちんと掴むことが大切です。
話の流れに沿って、自分なりの言葉を使って答えましょう。

慶應義塾女子高等学校

5　Which is better,taking a junior high school trip in Japan or taking a junior high school trip abroad? Support your choice with two reasons. Write in English and use about 50 word. Please write the number of words in the spece(　words)on the answer sheet.

【解答・解説】

設問は、「中学の修学旅行は国内の方がいいか、それとも海外の方がいいか」どちらかの立場から英文で意見を述べる、というものです。理由を2つあげ、50 語前後の英語で書き、最後に語数を（　words）で示します。英文の書き方の流れは以下の通りです。

① 出だしは “I think (that) taking a junior high school trip in Japan [abroad] is better”「私は、中学の修学旅行は国内［あるいは、海外］がいいと思います」と書きます。

② 次に、１つ目の理由を書きます。できるだけ具体的に書くといいでしょう。

③ 最後に、２つ目の理由を書きます。１つ目の理由とは「違った視点で考えた理由」を書くとよりよいでしょう。

解答例 1
I think taking a junior high school trip in Japan is better. There are many places to see in Japan, and students can understand their own country and culture better by visiting *sightseeing spots and *places of historic interest. *In addition, it seems safer to take a trip in Japan than abroad. (52 words)

＊sightseeing spots…観光名所
places of historic interest…史跡、歴史上有名な場所
in addition…さらに、その上

（日本語訳）私は、中学の修学旅行は国内の方がいいと思います。日本には見るべきところがたくさんあり、学生たちは、観光名所や史跡を訪ねることで自分自身の国や文化をよりよく理解できます。さらに、外国よりも国内を旅行する方が安全に思われます。

解答例 2
I think that taking a junior high school trip abroad is better. While staying in a foreign country, students can learn a lot from *experiencing a different culture and *communicating with the people they meet there. In addition, it sometimes costs less to take a trip abroad than in Japan. (50 words)

＊experiencing…～を体験すること
communicating with…～と意思疎通をはかる、気持ちを伝える
it costs less to…～する方が安い

（日本語訳）私は、中学の修学旅行は海外の方がいいと思います。外国に滞在中、学生たちは異なる文化を体験し、そこで出会う人々と気持ちを伝えあうことからたくさんのことを学べます。そのうえ、国内より海外を旅行する方が安いときもあります。

ポイント 具体的でわかりやすい内容を書くことがポイントです。また、英作文では、スペルミスや細かな文法のミスに気をつけましょう。無理に難しい単語を使うよりも、易しい単語を使うことが大切です。

東京都立西高等学校

2 (8) ロボットが人間のような知能をもち，自ら判断し行動できるようになる研究が進んでいます。ロボットにそのような能力をもたせることについて，あなたは賛成ですか，それとも反対ですか。どちらか一方の立場を選び，解答用紙の［ ア ］又は［ イ ］の英語に続けて**40語以上50語以内の英語**で書きなさい。
なお，英文の数は問いません。また，解答用紙に示されている英語及び「，」や「．」などは語数に含めません。

［ ア ］I think it is a good idea because
［ イ ］I don’ t think it is a good idea because

【解答・解説】

設問は、「ロボットに人間のような知能や、自ら判断し行動できる能力を持たせることについて賛成か、反対か」どちらかの立場から英文で意見を述べる、というものです。英文の書き方の流れは以下の通りです。

①出だしは “I think [I don’ t think] it is a good idea because …”「私はそれがよい考えだと思います［ よい考えではないと思います］。なぜなら～」と決まっているので、これに続く最初の「大きな理由」を書きます。（注：小文字で始めること）

②次に、「具体的な例」をいくつかあげて、賛成あるいは反対の理由をはっきりさせます。

③最後に、そうしたロボットへの期待や考えなどを書いて「結論」とします。

解答例
［ ア ］(I think it is a good idea because) such *intelligent robots can do almost everything for us. *It’ll be a big help if they can do simple things like *housekeeping and shopping without our orders. They will also do hard or dangerous work by themselves for us. I hope such robots will help us a lot. (48 語）

＊ intelligent robots…知能ロボット
It’ll be a big help if…もし～ならとても助かる　housekeeping…家事

（日本語訳）「私はそれがよい考えだと思います。なぜならそのような知能ロボットが私たちのためにほとんどすべてのことをしてくれそうだからです。もしそれらのロボットが、私たちが命令しなくても家事やショッピングというような単純なことができたら本当に助かります。ロボットはまた、私たちのために自ら重労働や危険な仕事をやってくれるでしょう。そのようなロボットが私たちに大いに貢献してもらえたらと思います」

解答例
［ イ ］(I don’t think it is a good idea because) such “smart” robots can be dangerous. They may make their own decisions, *refuse to listen to us and do only what they want to do. If the robot’s computer doesn’t work well, the robot may even *get out of control. *Therefore, I don’t think such robots should be made. (49 語）

＊refuse to…～することを拒む
get out of control…コントロールが利かなくなる、手がつけられなくなる
therefore…したがって、だから

（日本語訳）「私はそれがよい考えではないと思います。なぜならそのような『賢い』ロボットは危険な存在になりえるからです。それらのロボットは自分で決断し、私たちの言うことを聞かず、やりたいことだけやるかもしれません。もし内蔵のコンピューターが故障したら、ロボットはコントロールさえも利かなくなるかもしれません。だから、私はそういうロボットを作るべきではないと思います」

ポイント 設問をよく読み、結論を意識して書きましょう。自分の意見を英語で表現できる学力が必要ですので、短くてもいいので、普段から英文を書く練習をするとよいでしょう。

千葉県 共通問題（前期）

4 鉄粉と硫黄を混ぜて加熱したときの変化を調べるため，次の**実験**を行いました。これに関して，あとの（1）～（3）の問いに答えなさい。

実験

① **図1**のように，鉄粉7gと硫黄4gを乳鉢《にゅうばち》に入れてよく混ぜ合わせた。

② **図2**のように，①でつくった混合物$\frac{1}{4}$くらいを試験管㋐に，残りを試験管㋑にそれぞれ入れた。

図1

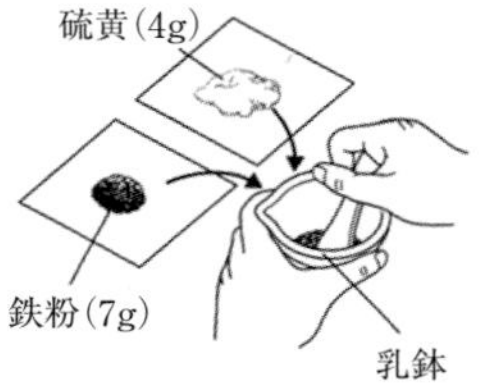

図2

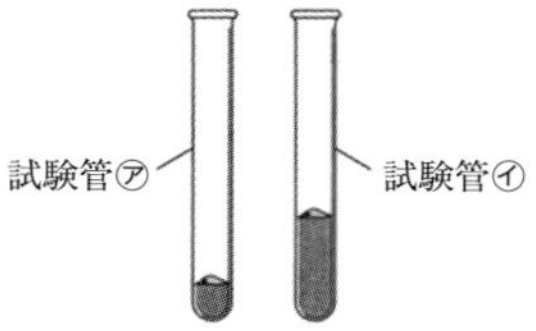

③ **図3**のように，脱脂綿《だっしめん》で試験管㋑の口を閉じ，混合物の上部を加熱した。

図3

④ ③で，混合物の上部が赤くなったところで加熱をやめ，その後の試験管㋑の中のようすを観察した。

⑤ 試験管㋑が十分冷えた後，**図4**のように，試験管に磁石を近づけて反応後の試験管㋑の中の物質が磁石に引きつけられるかどうかを調べた。

②の試験管㋐についても，磁石を近づけて調べた。

図4

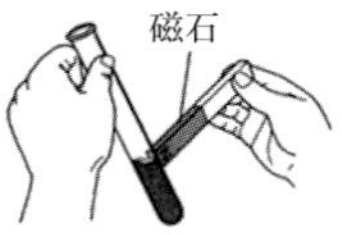

⑥ ⑤の試験管㋑の中の物質を少量とり，図5のように，うすい塩酸が入った別の試験管に入れて，<u>発生する気体のにおいを調べた</u>。

試験管㋐の中の物質についても，同様にして調べた。

図5

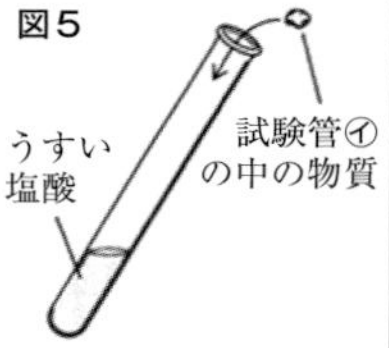

(1) **実験**の⑥の下線部について，一般に，気体のにおいをかぐときにはどのようにするか，簡潔に書きなさい。

(2) この**実験**で，試験管㋑にできた物質は硫化鉄である。次の問いに答えなさい。

(a) 次の文章は，この**実験**の結果をまとめたものである。文章中の［A］～［D］にあてはまることばの組み合わせとして最も適当なものを，あとの**ア～エ**のうちから一つ選び，その符合を書きなさい。

> **実験**の④で，加熱をやめた後も反応は続き，赤くなる部分が全体に広がった。反応後の試験管㋑の中の物質はしばらくすると黒くなった。
>
> **実験**の⑤で，磁石を近づけたところ，試験管㋐の中の物質は磁石に［A］が，試験管㋑の中の物質は［B］。
>
> **実験**の⑥で，試験管㋐の中の物質をうすい塩酸に入れると，においの［C］気体が発生したが，試験管㋑の中の物質をうすい塩酸に入れると，においの［D］気体が発生した。

ア	A：引きつけられた	B：引きつけられなかった	C：ない	D：ある
イ	A：引きつけられた	B：引きつけられなかった	C：ある	D：ない
ウ	A：引きつけられなかった	B：引きつけられた	C：ない	D：ある
エ	A：引きつけられなかった	B：引きつけられた	C：ある	D：ない

(b) この**実験**で，鉄粉と硫黄の混合物を加熱したときに起こる化学変化を表す化学反応式を書きなさい。

(3) 鉄粉7gと硫黄4gの混合物を加熱すると，鉄粉と硫黄はすべて反応し，硫化鉄が11gできる。鉄粉10gをすべて硫黄と反応させたとき，生じる流化鉄の質量は何gになるか，小数第2位を四捨五入して書きなさい。

【解答・解説】

鉄と硫黄の化合に関する問題で、化学変化の単元で最も代表的な問題の1つと言えます。

(1) 気体には有毒なものもある（この実験で発生する硫化水素も有毒な気体です）ため、必ず換気し、においを調べるときには吸い込まないように注意しなくてはいけません。手であおぎ寄せるようにしてにおいをかぐのもそのためです。

解答(1) 手であおぎ寄せるようにしてにおいをかぐ。

(2)(a) 鉄と硫黄の混合物はそのままでは反応しませんが、加熱すると光と熱を出す激しい反応が起こります。ここで加熱をやめても、生じた熱によって反応が進み、黒色の硫化鉄という物質に変わります。

反応が起こる前の混合物は、鉄が含まれているので磁石に引きつけられ、塩酸を加えると鉄と反応して無臭の気体である水素が発生します。

一方、硫化鉄は磁石に引きつけられず、塩酸を加えると特有なにおいのある硫化水素が発生します。

解答(2)(a) ア

(b) 鉄と硫黄から硫化鉄ができる化学変化は、モデルと化学反応式を使って、次のように表せます。

鉄	＋	硫黄	→	硫化鉄
●	＋	○	→	●○
Fe	＋	S	→	FeS

解答(b) $Fe + S \rightarrow FeS$

(3) (2)(b)のモデルおよび化学反応式からもわかるように、1個の鉄原子と1個の硫黄原子が反応して1個分の硫化鉄ができるので、鉄粉がすべて反応するとき、鉄粉の質量と反応で生じた硫化鉄の質量は比例の関係にあります。

よって、鉄粉10gがすべて反応したときに生じる硫化鉄の質量をx gとすると、

$7:10=11:x$

という関係が成り立ちます。

この比例式を解くと、$x=\frac{110}{7}=15.71\cdots$ ですから、

小数第2位を四捨五入すると、15.7gになります。

解答(3) 15.7g

ポイント 実験・観察に関する出題はよく出されるものです。学習のポイントは、実験結果だけではなく、その手順や注意すべきことにも普段から気をつけて勉強するように心がけることです。

神奈川県 共通問題

問４　Ｌさんは，日本の議員政治の歴史に関心をもち，衆議院を中心に調べて，できごとなどをおこった順に並べた次の表を作成した。この表について，あとの各問いに答えなさい。

表

帝国議会や国会の動き，重要な法案などについて		衆議院の選挙や議員の定数について
明治23年に国会を開くことを政府が約束する。		
大日本帝国憲法が発布される。	A	
①第１回帝国議会が開かれる。		最初の衆議院議員選挙が行われる。
	B	
選挙法が改められ，男子の普通選挙が定められる。		
	C	男子の普通選挙がはじめて行われる。
②第69回帝国議会が開かれる。		
大政翼賛会が結成される。		
	D	
終戦の詔書がラジオで放送される。		
日本国憲法が公布される。		戦後はじめての総選挙が行われる。 衆議院の議員定数が466名となる。
サンフランシスコ平和条約が国会で承認される。		
[　X　] をめぐり，デモを行う群衆が国旗議事堂を取り巻く。		④衆議院の議員定数が19名増員される。
沖縄返還協定が国会で承認され，翌年沖縄が本土に復帰する。		
③70回国会が開かれる。		

表Ⅰ　就業者数，産業別就業者割合の推移

年	就業者数	第1次産業	第2次産業	第3次産業
1950年	3,603万人	48.5%	21.8%	29.6%
1955年	3,959万人	41.1%	23.4%	35.5%
1960年	4,404万人	32.7%	29.1%	38.2%
1965年	4,796万人	24.7%	31.5%	43.7%

（総務省統計局のホームページにより作成）
なお，1950年と1965年の百分率で示された数値は，四捨五入をしているため，合計が100%にならない。

表Ⅱ　人口総数，三大都市圏と地方圏の人口の割合の推移

年	人口総数	三大都市圏	地方圏
1950年	8,320万人	34.7%	65.3%
1955年	8,928万人	36.9%	63.1%
1960年	9,342万人	39.6%	60.4%
1965年	9,828万人	43.3%	56.7%

（『数字でみる　日本の100年』により作成）

資料　公職選挙法改正に関する調査特別委員会における大臣の説明（昭和39年３月31日）

> 現状におきましては，衆議院議員の選挙区別の人口と議員の定数との間には，各選挙区間において相当の不均衡が見られ，その上下の差は三倍以上となっているのであります。政府といたしましては，不均衡の特に著しい選挙区について，是正することといたしました。すなわち，当分の間，十九名増員しようとするものであります。

（国立国会図書館国会会議録検索システムより）

（カ）―― 線④に関して，次に実施される総選挙から衆議院の議員定数が，東京都，神奈川県，愛知県，大阪府，兵庫県で合わせて19名増員されることになった。次の**表Ⅰ**，**表Ⅱ**からの時期の社会の変化をそれぞれ読み取ったうえで，**資料**からはこれらの都府県で衆議院の議員定数が増員されることになった理由を読み取り，それらを関連付けて，**70字以上80字以内**で書きなさい。なお，文末は[ため。]で終わること。これらも全体の字数に入れること。

【解答・解説】

裁判所による違憲判決が報道されている「一票の格差」の問題がどのようにして起きたのか、その形成過程を読み解けるのかが問われる問題です。

表Ⅰからは、第一次産業から第二次・第三次産業への人口の移動が、表Ⅱからは地方圏から三大都市圏への人口の流失が読み取れます。この２点が、高度成長期に起きた地方の農林水産業（第一次産業）従事者が大都市圏の工業（第二次産業）やサービス業（第三次産業）に大きく移動していったという過程を表していると理解することが重要です。都市部への人口移動により、資料に書かれているような、選挙区別の人口と議員定数の不均衡が形成されたのだと理解し、その不均衡を是正するために大都市圏の「議員定数が増員された」と解答する必要があります。

解答例
第１次産業に従事する人が減るなか、地方圏から三大都市圏に人が移動したことにより生じた、選挙区間の選挙区別の人口と議員の定数との不均衡を是正するため。（74字）

ポイント　教科書に限定した学習だけでなく、日頃より新聞を読むなどして、社会問題に関心を持つことがこのような問題を解答するときの助けとなります。

図書館で勉強しよう

環境を変えると気分も変わります！

「気分が乗らなくて勉強が手に着かない」
「家だと集中して勉強ができない」
そんなときは、気分転換に町の図書館を利用してみませんか。

東京

千代田区立日比谷図書文化館

伝統ある都立日比谷図書館を引き継ぎ、2011年（平成23年）にオープンしたばかり。約300もの閲覧席がある。

【Address】東京都千代田区日比谷公園1-4
【Access】都営三田線「内幸町」徒歩3分、地下鉄丸ノ内線・日比谷線・千代田線「霞ヶ関」徒歩5分など
【ＴＥＬ】03-3502-3340
【ＵＲＬ】http://hibiyal.jp/hibiya/
【開館時間】平日／10:00～22:00　土曜日／10:00～19:00
日曜・祝日／10:00～17:00
【休館日】毎月第3月曜日、12月29日～1月3日、特別整理期間

〔その他の図書館〕

府中市立中央図書館、墨田区立ひきふね図書館など

図書館は本来、本を借りる場所ですし、閲覧室は本を読むところです。そのため勉強道具を持ち込んでの自習を禁止しているところもありますが、なかには自習が認められている図書館もあります。

図書館での勉強は、①調べものがすぐできる②静かな環境がある③周りに誘惑が少ない、などのメリットがあります。自宅とは違い、わざわざ勉強をしに行くのですから、高いモチベーションを保つことができます。また、そういう自習のできる図書館では高校生や大学生、社会人など多くの人が勉強しているので、そうした人たちの姿を見るのも勉強の励みになることでしょう。

図書館は公共の施設ですので、利用する際は、飲食のルールを守る、ひとりで多くの席を占有しないなど、周りに迷惑をかけないようにしましょう。

自習のできる代表的な図書館として3つの図書館を紹介します。みんなの町にも自習ができる図書館があるかもしれません。ぜひ調べて、学校帰りや土日など、気分を変えて勉強するために利用してみるのもいいでしょう。

神奈川

神奈川県立図書館

新館地下１階に約50席の「自習室」が設けられており、９～17時の間、図書館の資料を使わなくても利用ができる。

【Address】神奈川県横浜市西区紅葉ケ丘9-2
【Access】JR線「桜木町」徒歩10分、京浜急行線「日ノ出町」徒歩13分、みなとみらい線「みなとみらい」徒歩20分
【T E L】045-263-5900
【U R L】http://www.klnet.pref.kanagawa.jp/yokohama/
【開館時間】火～金曜日／9:00～19:00
土・日・祝日、12月28日／9:00～17:00
【休館日】月曜日（祝日の場合は開館）、第2木曜日（祝日の場合は翌日）、年末年始、資料総点検期間

〔その他の図書館〕
神奈川県立川崎図書館、川崎市立川崎図書館など

千葉

千葉県立中央図書館

千葉県庁のすぐ近くにあり、アクセスも良好。千葉県に関する資料なども豊富に所蔵されている。

【Address】千葉県千葉市中央区市場町11-1
【Access】千葉都市モノレール「県庁前」徒歩5分、JR線「本千葉」徒歩7分、京成線「千葉中央」徒歩15分
【T E L】043-222-0116
【U R L】http://www.library.pref.chiba.lg.jp/
【開館時間】火～金曜日／9:00～19:00
土・日・祝日／9:00～17:00
【休館日】月曜日（祝日の場合は翌日）、第3金曜日、12月28日～1月4日、特別整理期間

〔その他の図書館〕
千葉市中央図書館など

東京私立中高第11支部

合同相談会

私学30校参加
予約不要
資料の配布あり
各校の担当者と個別相談
（校風、入試、進学、クラブ活動…）

2013年6月2日㊐ 10：00～15：00

参加校30校（50音順）

穎明館 中学校 高等学校
NHK学園高等学校
桜華女学院中学校
日体桜華高等学校
桜美林 中学校 高等学校
大妻多摩中学校
共立女子第二 中学校 高等学校
錦城高等学校
国立音楽大学附属 中学校 高等学校
啓明学園 中学校 高等学校
工学院大学附属 中学校 高等学校
駒沢学園女子 中学校 高等学校
サレジオ中学校
昭和第一学園高等学校
白梅学園 清修中学校 高等学校
聖パウロ学園高等学校
創　価 中学校 高等学校
拓殖大学第一高等学校
立川女子高等学校
多摩大学附属聖ヶ丘 中学校 高等学校
帝京大学 中学校 高等学校
帝京八王子 中学校 高等学校
東海大学菅生 高等学校 中等部
東京純心女子 中学校 高等学校
桐　朋 中学校 高等学校
八王子学園八王子 中学校 高等学校
八王子実践 中学校 高等学校
明治学院 中学校 東村山高等学校
明治大学付属中野八王子 中学校 高等学校
明　星 中学校 高等学校
明　法 中学校 高等学校

私学の魅力わかります

京王プラザホテル八王子　5階
（JR八王子駅徒歩1分・京王八王子駅徒歩3分）

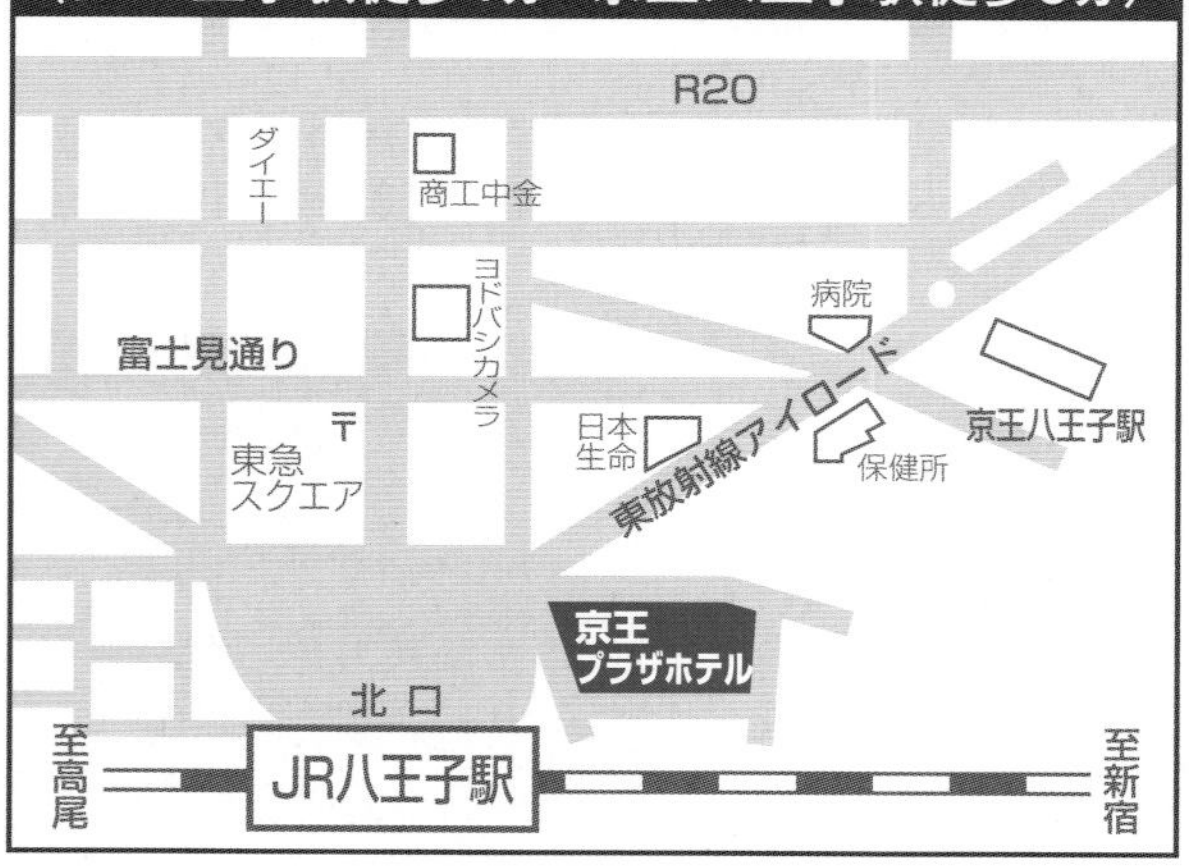

主　　催：東京私立中学高等学校協会 第11支部
後　　援：東京私立中学高等学校協会
問い合わせ先：**042（541）1003**
（啓明学園中学校高等学校／斎藤）

トウダイデイズ

現役東大生が東大での日々と受験に役立つ勉強のコツをお伝えします。

Vol.003

5月といえば
東大のお祭り「五月祭」

text by 平(ひら)

みなさんこんにちは。そろそろ新たな学年にも慣れてきたころでしょうか。東大でも新入生へのサークルや部活の勧誘がひと段落して、授業も大体決まってきたところです。

私が所属する理科Ⅰ類では、2年生は1年生に比べて取らなければいけない授業が少ないので、割とゆったりとした大学生活を送っています。

東大の授業選択について少し説明すると、東大では入学してからの2年間を前期教養課程と呼び、専門的な内容に入る前の入門的な勉強や、外国語などの教養を勉強します。授業の種類は3種類で、必修の基礎科目、自由選択の総合科目と主題科目があります。

自由選択の総合科目には点数がつけられ、主題科目には点数はつかず合否のみで判定されます。

必修は、理系よりも文系、1年生よりも2年生の方が少なくなり、そのぶん時間割が自由に決められます。理科Ⅰ類2年生の私だと、必修は4コマ(90分の講義が4つ)だけで、あとは自由選択なので非常に選択肢が豊富です。

どの授業を選択するか、登録はインターネット上で行います。登録期間は授業が始まってしばらくしてからの4月下旬にあり、5月にも再登録の機会があるので、十分考えてから授業を選べるようになっています。

ところでみなさんは、5月と言うとなにを思い浮かべますか? 5月の初めにはゴールデンウィークがありましたね。こどもの日もあるので鯉のぼりなどを思い浮かべる人も多いかもしれません。でも東大生としては、やはり「5月」と言えば「五月祭」をおしたいところです。

五月祭とは、東大の本郷キャンパスで毎年5月に行われる東大の学園祭です。例年多くの人が来場し、昨年は約12万人が訪れたそうです。数多くの部活やサークルが出店するほか、工学部、理学部、法学部、教育学部なども参加するので、研究展示などの学術的な内容が多いことも特徴です。学術的と言っても一般向けなので、実験など、見て楽しめるものがたくさんあります。

五月祭のもう1つの特徴は、新入生が店を出すことです。参加する団体は、通常2月ごろから準備を始めるのですが、新入生は4月に入学して5月には店を出すということになるので準備はてんてこまいです。

それでも、例年新入生クラスの多くが店を出します。やきとり、かき氷、焼きそばやチュロスなど、キャンパス内にはいくつも似たような店が並びますが、来場者数が多いからなのか、どの店も結構人気があり、赤字の出るクラスはほとんどありません。

ちなみに私のクラスでは昨年チュロスを売って珍しく赤字を出してしまいました。お財布には嬉しくなかったのですが、準備や販売をするというのはあまり経験したことがなかったので楽しかったです。

今年の五月祭は5月18、19日に開催されます。東大に入学したい人も、そうじゃない人も、みなさん一度は来てみてください。食べものが売れ残ることほど残念なものはありませんから。

SCHOOL EXPRESS

すべての人と社会に対する責任を進んで果たす人間の形成を目的とする

AOYAMA GAKUIN

青山学院高等部

東京
渋谷区
共学校

キリスト教信仰に基づく教育が実践されている青山学院高等部。伝統ある英語のカリキュラムと多彩な国際交流は「英語の青山」にふさわしい充実ぶりです。新校舎に生まれ変わった高等部は、いま、新しい歴史を刻み始めました。

西川《にしかわ》 良三《りょうぞう》 部長先生

スクールモットーは「地の塩、世の光」

多くの鉄道路線が集まる表参道駅から徒歩5分、渋谷駅から徒歩10分という交通至便の地に立つ青山学院高等部（以下、青山学院高）は、併設校である青山学院大学の敷地内にあります。

母体の青山学院は、1874年（明治7年）にプロテスタント系のアメリカ・メソジスト監督教会から派遣された女性宣教師が築地に創立した女子小学校を源流としています。その後、1948年（昭和23年）にそれまでの中等教育機関を「高等部（男子）」、「女子高等部」とし、さらにその2つを1950年（昭和25年）に合わせて高等部とし、現在にいたります。

青山学院全体として、キリスト教信仰に基づく全人教育がめざされています。「地の塩、世の光」という新約聖書の一節がスクールモットーに掲げられており、「『塩』というのは、ほんの少量でも味をつけられ、また保存料でもありますから、社会を『地』とし、『地』のいろいろな腐敗を防ぐという意味があります。『世の光』とは、人に道をさし示すためのリーダーシップがとれるようにという意味です。学院生にそうなってもらいたいということを込めています」と西川良三部長先生は説明されます。

心を静めて考える 毎日の「礼拝」

青山学院高の教育目標には次の4つが掲げられています。

①礼拝と聖書の学びを通して、真実を求める心を培い、神や人生について深く考え、人を愛し人に奉仕する人間の育成に努める。②教科の学習を通して、総合的判断力・洞察力をもち、自分の人生の進路を切り拓く力をもつ人間の育成に努める。③学校の諸活動を通して、集団の中で自分の果たすべき役割を知り、それを実行できる人間の育成に努める。④国際的な視野に立って将来の社会に責任を負うことのできる人間の育成に努める。

「①＝徳、②＝知、③＝体、④＝国際交流と言い換えることができます。ベースにはキリスト教信仰があり、心の部分（徳）を通して、そこから頭脳（知）と身体（体）の発達がある、それを大事にしているということです。」（西川部長先生）

こうした教育の特徴として、毎日2時間目と3時間目の間に、PS講堂というチャペルに全校生徒が集まって行われる「礼拝」があげられます。また、週1回「聖書」の授業も行われています。

「月に2～3回行うHR礼拝では、生徒が司会などを担当しています。イースターやクリスマスなどの特別な礼拝もあります。こうした礼拝の機会を通じて、心を静めて自分の人生や世の中のことを考えることができる時間というのは貴重なものではないでしょうか。生徒の多数はキリスト教徒ではありませんが、生徒へのアンケートを見ても、7割近くが礼拝は『自分にとって大切な時間』と回答しています。」（西川部長先生）

青山学院高では、中等部からの進学者と高等部からの入学者が1年次から同じクラスで学んでいます。1年から2年に進級する際はクラス替えがあり、2年から3年への進級時にはクラス替えはありません。

生徒同士の親睦を図る意図で「ホームルームデイ」が行われています。これは、1・2年生を対象に、毎年5月初旬にクラス単位で実施される日帰り旅行のことです。クラスが変わったときにも、すぐに新しい仲間との交流ができるという細かな配慮

礼　拝

完成したばかりの新PS講堂で行われる毎日の礼拝や、クリスマス礼拝（写真）などの特別な礼拝を通じて、心を静かにさまざまなことを考える時間を作ることができます。

文化祭

生徒が中心となる文化祭実行委員会のもとで、クラスやクラブがさまざまな展示や発表を行います。

バレーボール大会

青山学院高には体育祭がなく、その代わりとなるのがこのバレーボール大会です。クラス対抗で優勝が争われ、このために1年間練習を積むクラスもあります。

修学旅行

平和教育の観点とキリスト教伝来の地であるという歴史教育の観点から、長崎を中心に、2年次に九州西部を訪れます。

カナダホームステイ

があるのです。

カリキュラムは、3年間を通して、文系・理系でのコース分けやクラス分けをすることはありません。1年次は芸術を除いてすべて共通履修です。2年次に選択科目が用意されていて、その選択によって、ゆるやかな文・理に分かれます。3年次では、さらに選択科目が細かく設けられていて、より明確に大学進学後の目標に向けた勉強を進めていくことになります。

また、週5日制の青山学院高では、土曜日に総合的な学習の一環として青山学院大・青山学院女子短期大の教授による「学問入門講座」が実施されています。年々充実している大学との連携教育の1つです。

青山学院が作った 独自の英語教科書「SEED」

「英語の青山」という伝統は健在です。青山学院の英語教育研究センターが独自に作成したテキスト「SEED」を、初等部から高等部までが使用します。今年度から高等部1年生がこの「SEED」を使い始めています。

英語の必修授業では習熟度別授業が実施されていて、入学次に行われる実力テストによってクラスが3段階に分かれます。2クラスを3つに分け、日本人教師の授業はJ1・J2・J3（週3時間）、1年次と3年次にあるネイティブによる授業はN1・N2・N3（週2時間）となります。クラスは1年間変わりません。

選択授業では、英語を使って新聞などを作成する発表型の授業、長文読解に特化した授業、CNNやPodcastなどのメディアを扱う授業など、各生徒のニーズに合わせた幅広い種類の授業が用意されています。

さらに、高等部では「国際交流委員会」を通して、海外の学校との交流や留学生の受け入れなども行われています。

学校間交流では、イギリス・ケンブリッジの名門パブリックスクールであるリーススクール、イタリア・ピエモンテ州ノバラの町にあるパスカル校の2校と姉妹校提携が結ばれていて、数名の生徒が短期留学をしています。

夏休みには、カナダ・トロント市郊外のベイリー市でホームステイが行われています。毎年30名の生徒がホストファミリーとの交流を深めながら、キリスト教信仰に根ざしたカナダの人たちの生活を体験しています。

また、長期留学生や帰国生の受け入れも積極的に行われています。

新校舎が完成し 生まれ変わる高等部

青山学院高では、青山学院大学への推薦入学制度が用意されています。その資格については、3年間の学業成績、3年次に行われる2回の学力テスト、そのほかを総合的に判断して評価されます。大学進学の基準をクリアした生徒は、希望により青山学院大か青山学院女子短期大へ推薦されます。

「本校は全体の約80％が青山学院大および青山学院女子短期大へ進学しています。残りの約20％は、専攻分野などの関係で他大学受験をしています。他大学を受験する場合は、推薦を辞退することになります。」（西川部長先生）

2008年（平成20年）から新校舎の新築、改築を開始した青山学院高。西校舎が2010年（平成22年）3月に、北校舎・PS講堂が2012年（平成24年）3月に完成しました。体育館は2014年8月に完成予定です。モダンな校舎でありながら、昔からの雰囲気も残す青山学院高らしい新校舎です。

高等部が求める生徒さんについてお聞きすると、「中学時代は高校受験がありますが、そうしたなかでも読書などをして、幅広いことに関心を持っている人、また、ユニークな体験を経てきた生徒さんにも来ていただけたらと思います」と西川部長先生は話されました。

School Data

所在地　東京都渋谷区渋谷4-4-25

アクセス　地下鉄銀座線・千代田線・半蔵門線「表参道」徒歩5分、JR山手線・東急東横線・東急田園都市線・京王井の頭線ほか「渋谷」徒歩10分

生徒数　男子608名、女子644名

TEL　03-3409-3880

URL　http://www.agh.aoyama.ed.jp/

3学期制　週5日制　6時限　50分授業

1学年10クラス　1クラス42名

平成25年度（平成2013年度）大学合格実績（ ）内は既卒

学部・大学名	合格者	大学名	合格者
青山学院大推薦入学者内訳		一橋大	1
教育人間科学部	50	その他国公立大	8
文学部	36	国公立大合計	14(9)
経済学部	17	他大学合格者（私立大）	
法学部	18	早大	21
経営学部	75	慶應大	18
国際政治学部	55	上智大	12
総合文化政策学部	49	東京理科大	9
理工学部	20	中大	3
社会情報学部	9	法政大	2
計	329	明大	14
他大学合格者（国公立大）		立教大	3
筑波大	4	学習院大	2
お茶の水大	0	その他私立大	99
東京大	1	私立大合計	183(66)

共学校　東京都　中野区

実践学園《じっせんがくえん》高等学校

よりハイレベルの教育を求めて

「真の進学校の実現」を目標にかかげ、2004年（平成16年）から教育改革に取り組んできた実践学園高等学校。さらなる飛躍をめざし、大きな一歩を踏み出しています。

進路に応じた2つのコース制

実践学園では国公立・難関私立大をめざす授業を展開する「特別進学コース」と、学習と部活動の両立を可能にする「文理進学コース」の2つのコースを用意しています。

「特別進学コース」は、5教科7科目という幅広い学力が必要な大学入試センター試験と、深い知識と高い論理的思考力が問われる国公立大の2次試験、難関私立大入試の両方に対応します。

2年次までに文系・理系を問わず全科目でセンター試験レベルの学習を終え、3年次からは国公立大の2次試験対策や早慶上智大レベルの難問に取り組めるカリキュラムになっています。

「文理進学コース」は、G-MARCHを中心に、部活動や学校行事にも打ち込みながら、難関大学合格も目標としたカリキュラムが組まれています。

School Data

所在地	東京都中野区中央2-34-2
生徒数	男子587名、女子528名
TEL	03-3371-5268
アクセス	地下鉄丸ノ内線・都営大江戸線「中野坂上」徒歩5分、JR総武線・中央線「東中野」徒歩10分
URL	http://www.jissengakuen-h.ed.jp/

自由学習館でよりハイレベルな学習を

実践学園の教育改革の大きな特徴の1つとしてあげられるのが〝知の拠点〟として建設された学びの館「自由学習館」です。

自由学習館では、放課後の自学自習はもちろん、長期休暇中に行われる〝J・スクール〟や東大国公立プロジェクト教員によるゼミ形式の講習なども実施されています。より高いレベルの学習を求める生徒にその場を提供しているのです。

とくに夏期・冬期・春期の休暇期間中に5日間を1タームとして行われる進学講座〝J・スクール〟は、実践学園が誇る教育プログラムです。1・2年次は国語・数学・英語を中心に、3年次は5教科7科目において、実績ある優秀な講師陣のもとで進路実現のための学習を行うことができます。

国際社会で必要な力を養う

海外留学・語学研修制度の充実も見逃せません。ニュージーランドにある姉妹校で中期・長期の留学や語学研修を実施。文理進学コースのなかの英語クラスは、ほかのクラスの修学研修旅行（沖縄）に代わり、クラス全員でオーストラリア語学研修に参加します。また、希望者によるカナダでの語学研修もあります。3年間で外国の空気に触れ、国際的な感覚を養う機会が数多く用意されています。

共学校　東京都　台東区

上野《うえの》学園《がくえん》高等学校

知と感性と、豊かな人間性を育む

「自覚」を理念とし普通科と音楽科を併設

1904（明治37）年に創立した上野学園高等学校は、109年を迎える歴史と伝統のある学校です。普通科に加え、1949（昭和24）年に全国に先駆けて音楽科を設置した学校でもあります。

2007（昭和19）年には、新校舎の完成とともに男女共学制に移行し、新たな教育環境のもと、進学校として充実した教育を実践しています。創立時より建学の精神「自覚」（自分を知り、深く感じる）を理念として知と感性と豊かな人間性を育んでいます。

上野学園では「授業」「進路」「徳育」の3つを大事にして、生徒の意欲にしっかり応える教育が行われています。

生徒の進路・個性に合わせたコース制

普通科では、国公立大学や難関私立大学をめざす「特別進学コースα・β」と、幅広い分野の4年制大学への進学をめざす「総合進学コース」が設置されています。

「特別進学コース」では、少人数のクラス編成できめ細かな指導が行われています。国語・数学・英語の3教科を中心に、1・2年次には7時間目授業が行われ、基礎の定着だけではなく発展問題にも取り組んでいます。3年次では予備校講師による80分の講習が実施されるなど、個々の目標に応じた受験に直結した指導が行われています。

「総合進学コース」には、情報・福祉・看護・スポーツなど幅広い分野の4年生大学への進学に対応した、さまざまな選択科目が用意されています。朝学習や予復習、補習などを通してしっかりとした基礎学力を築きます。成績などの基準を満たせば、高2から特別進学コースに進むこともできます。

1年次は全員が共通のカリキュラムで学び、どちらのコースも2年次から文系・理系に分かれ、より自分の進路に沿った勉強をすることができます。また、学校内外の模擬テストが頻繁に行われるので、客観的に自分の実力を知ることができ、それに基づいた綿密で計画的な指導が行われます。

音楽科は「演奏家コース」と「器楽・声楽コース」に分かれています。上野学園大学の音楽教授や専任講師によるハイレベルな指導で音楽家への道をめざします。

上野学園高等学校では、生徒1人ひとりの素質を見出し、それを高めていこうという意志を伸ばし、その実現に向けたバックアップ体制が整えられています。

School Data

所在地	東京都台東区東上野 4-24-12
生徒数	男子 220 名　女子 278 名
TEL	03-3847-2201
アクセス	JR 線ほか「上野」・地下鉄銀座線「稲荷町」徒歩8分、 つくばエクスプレス「浅草」・京成線「京成上野」徒歩 10 分
URL	http://www.uenogakuen.ed.jp/

共学校

東京都立 国《くに》立《たち》高等学校

学業も課外活動もすべてに全力 文武両道を極め青春を謳歌する

岸田《きしだ》　裕二《ゆうじ》 校長先生

進学指導重点校に指定され、質の高い授業ときめ細かい学習・進学指導により、例年、全国でもトップレベルの進学実績を出す東京都立国立高等学校。「全部やる、みんなでやる」を合い言葉に、勉強だけではなく、学校行事や部活動など、何事にも積極的に取り組む文武両道の学校として注目されています。

「清く　正しく　朗らかに」 自由闊達な校風が特徴

東京都立国立高等学校（以下、国立高）は、1940年（昭和15年）に東京府立第十九中学校として開校しました。「清く　正しく　朗らかに」を校訓とし、自由闊達《かったつ》な校風の下で文武両道の理念実現がめざされ、2013年で創立73年を迎えます。

2度の校名変更のあと、1948年（昭和23年）の学制改革によって東京都立国立高等学校へ改称。当初は男子校でしたが、1950年（昭和25年）から男女共学制が実施されています。

2004年（平成16年）に進学指導重点校の指定を受け、2007年（平成19年）には2回目の指定を受けています。

教育目標には、「自主性を持ち、責任を重んずる人となる」「明朗な気風を養い、個性と想像力豊かな人となる」「社

国高祭（文化祭・体育祭・後夜祭）

体育祭

文化祭

後夜祭

来場者数1万人を超える、文化祭・体育祭・後夜祭からなる国立高最大の行事です。文化祭では3年生の全クラスで演劇を発表する伝統があり、体育祭では1年生の応援合戦が見所となっています。

会に貢献し、困難・苦難に耐え得る人となる」の3つが掲げられています。

　さらに、「全部やる、みんなでやる」を合い言葉としています。「みんなでやる」の「で」の部分が小さな文字になっていて、「みんな」という言葉を強調しています。ここで言う「みんな」とは「すべてのこと」と「全員」という2つの意味を持ち、「すべてのことを全員で一生懸命に取り組んでいこう」という意味が込められています。

　岸田裕二校長先生は「本校では、社会に貢献できる21世紀を担うリーダーの育成をめざしていますので、学力だけでなく人間力やコミュニケーション能力もしっかりと身につけさせたいと考えています。そのためには、授業以外に部活動や学校行事など、それぞれの取り組みのなかでリーダーとなる人物を育てていきたいと考えています」と話されました。

勉強にも行事にも打ち込める2学期制

　国立高では2学期制が実施されています。授業は週5日制で、土曜日には隔週で午前中に土曜授業が行われています。

　岸田校長先生は「2学期制をとっている第一の理由は、授業時数の確保ですが、そのほかの要素として、学校行事のスケジュールも関係してます。本校では、4月は入学式、修学旅行、新入生歓迎会、第九演奏会があり、5月の連休明けにはクラスマッチと、1年間の前半に学校行事が集中しています。そうすると、最初の定期考査は6月の中旬になります。定期考査と行事日程の時期を考慮したうえでも、2学期制がベストであると考えています」と説明されました。

　3年間クラス替えが行われないことも特色の1つです。学年があがってもクラスはそのまま、担任の先生も変わりませんので、3年間を通して生徒一人ひとりのきめ細かな部分の成長をみることができます。また、進学指導でも、それぞれに合わせた適切な指導が3年間一貫した形で行われています。

　カリキュラムは、1・2年次では芸術科目を除いて共通履修となり、3年次から選択科目が設けられています。

「文系・理系の割合は年によって多少の違いがありますが、大体半分ずつになります。ここ数年は少し理系の生徒が多くなっています。」（岸田校長先生）

独自教材による授業や充実の講習制度が特徴

　国立高では、課題を発見し、解決できる能力やさまざまな表現力を高め、知性と教養あふれる人生の基礎が築けるように生徒を導く授業が追求されています。

　3年次の英作文の授業では、1クラスを2つに分けた少人数クラスで行い、生徒1人ひとりに対応できるような配慮がなされています。

また、2年生の数学Bでは習熟度別授業が実施され、1クラスを2つに分けた授業が展開されています。

「各教科の授業では、先生がたによって独自に作られたプリントが効果的に使われています。最近では、パワーポイントを使った授業も増えていますね。とくに英語では、3年次に『The Kunitachi Heritage』というオリジナルテキストを使用し、論理的な思考力や表現力を養っています。」（岸田校長先生）

補習・講習など、授業以外でのサポートも充実しています。

「平日には、先生がたが自主的に補習を行い、希望する生徒が学んでいます。3年生の参加者が多く、なかには１００名以上集まる補習もあります。

夏休みには夏期講習を実施しています。1・2年生対象が15講座、3年生には78講座設けています。生徒たちはそれぞれのスケジュールに合わせて希望する講座を選びます。部活動のある1・2年生はなかなか参加が難しい場合もありますので、夏休みの最初の3日間だけ、午前中の部活動を禁止にして3学年全員が夏期講習に参加するようにしています。冬休みには、大学受験を控えた3年生への個別指導を行っています。」（岸田校長先生）

大学生の先輩に相談できる「サポートティーチャー」

生徒たちへの手厚い学習支援の1つに「サポートティーチャー」があります。これは、生徒が大学生の先輩に勉強に関するさまざまな相談ができる機会として設けられたものです。定期考査の1週間前に、大学生や大学院生の卒業生に来てもらい、質問や相談ができます。教科の質問をはじめ、勉強法や進路の相談などをする生徒が毎回多く集まっています。

「同じく試験の1週間前には、放課後の19時45分まで会議室を自習室として開放し、1名のサポートティーチャーがつく『イブニングサポートティーチャー』も実施しています。

また、平常時も自習室を開放しています。6月中旬から2月末までの期間は、19時45分まで（月～金曜日）利用することができます。」（岸田校長先生）

進路指導は、進路指導計画に基づいて行われています。3年間を通して、進路ガイダンスやキャリアガイダンス、進路講演会など多彩なプログラムが用意されています。

なかでも特色のある取り組みが、1・2年生を対象にした「医療系セミナー」です。立川総合病院の医師・看護士・薬剤師による講演が行われています。

全国模試は3年間で10回実施され、そ

クラスマッチ

5月に行われるクラス対抗の球技大会。おそろいのTシャツで団結力を高めます。

新入生歓迎会

多彩な部活動の発表が会場を盛りあげ、新入生を迎えます。

第九演奏会

プロの演奏の下、約400名の生徒が、ベートーベンの交響曲第９番をドイツ語で合唱します。

授業風景

サポートティーチャー

国立高卒業の大学生がしっかりと勉強をみてくれます。伝統校だから実現できる心強い制度です。

の成績は定期考査の結果などとともに生徒個人のデータとして管理され、学習・進路指導へ活かされています。

志望校をめざす生徒をサポートする指導力がある

国立高は、国公立大や難関私立大へ毎年多くの合格実績を出しています。岸田校長先生は「本校は国公立志向が強いのが特徴です。２０１２年度（平成24年度）の実績では、東大・京大・一橋大・東工大・国公立大医学部・医学科での現役合格者数が都立高校で一番多い結果となるなど、現役合格率も高い学校と言えます。一方で既卒生の実績も増えていますので、第１志望を叶えたいという傾向が出ているようです。

こうした結果は、充実した内容の授業を中心とした学力の養成によるものが大きいと思われます。教員を公募できることも進学指導重点校の強みと言え、本校で教えたいという強い意志を持った先生方に来ていただいています。よい教員がそろっていると考えています」と話されました。

一橋大学を近隣に有し、大学通りに面した緑豊かな文教地区にある国立高。校内には溌剌《はつらつ》とした生徒たちの姿があります。「本校の生徒はとにかく忙しいです。学校行事も部活動も熱心です。なかでも文化祭は日本一と言われるくらいに盛んです。まさに『全部やる、みんなでやる』ということが実行されています。本校には、勉強も部活も行事もやりたいというなかで、いろいろなことに対して積極的で、高校生活を満喫しながら自分の第１志望に向けて努力したいという生徒さんに来てほしいと思います」と岸田校長先生は語られました。

School Data

所在地	東京都国立市東4-25-1
アクセス	JR南武線「谷保」徒歩10分、JR中央線「国立」徒歩15分
TEL	042-575-0126
生徒数	男子502名、女子463名
URL	http://www.kunitachi-h.metro.tokyo.jp/p/

✣2学期制　✣週５日制（年間20回、午前中4時限の土曜授業あり）　✣6時限　✣50分授業　✣1学年8クラス　✣１クラス40名

2013年度（平成25年度）大学合格実績（ ）内は既卒

大学名	合格者	大学名	合格者
国公立大学		私立大学	
北海道大	5(3)	早大	50(67)
東北大	2(6)	慶應大	25(32)
筑波大	6(1)	上智大	15(19)
東京大	9(13)	東京理大	24(37)
東京医科歯科大	0(1)	青山学院大	7(11)
東京外大	6(6)	中央大	30(37)
東京工大	5(5)	法政大	9(9)
一橋大	6(9)	明治大	43(58)
首都大東京	11(4)	立教大	30(18)
横浜国立大	8(2)	学習院大	3(1)
名古屋大	1(1)	日本女子大	6(6)
京都大	4(6)	国際基督教大(ICU)	2(8)
大阪大	2(5)	北里大	2(3)
その他国公立大	35(29)	その他私立大	66(67)
計	100(91)	計	312(373)

和田式 教育的指導

ノートは本当に美しくあるべきなのか⁉ 「和田式」ノートの取り方

新学期が始まって1カ月が経ちました。学年があがるにつれて学ぶことも深まってきますが、ついていけていますか？　さて、みなさんはどのようにノートを取っているでしょうか？　ノートの取り方は勉強の基本でもあります。今回は『和田式ノートの取り方』をお教えしましょう。

一時期、『東大合格生のノートはかならず美しい』という本がはやりました。しかし、ノートに必要なことは「整理されている」ことであり、「整理されている」＝「美しい」ということではありません。

よく女の子で、とてもきれいなノートを作る人がいますが、「美しいノート」を作ることが目的になってしまっている人がいます。それでは意味がありません。まず、「ノートはなんのために取るのか」、それを考える必要があります。

ノートには授業の様子を記録しましょう

ノート（note）とは文字通り「記録する」という意味ですから、ノートは授業の記録でなければいけません。

もしその授業が得意科目で、あとで読み返したときに、要点だけをまとめたものでも十分わかるのであればそれでいいのですが、そうでないならば、先生が言ったことを全部ノートに取るようにしてください。

先生がたまに言った冗談や、「これは試験に出るぞ」言った発言を含めてすべてをノートに取っておくと、読み返したときに、いろいろなことを思い返すことができます。そうすることで、記憶に残る部分が多くなります。

Hideki Wada

和田秀樹

1960年大阪府生まれ。東京大学医学部卒、東京大学医学部附属病院精神神経科助手、アメリカのカールメニンガー精神医学校国際フェローを経て、現在は川崎幸病院精神科顧問、国際医療福祉大学大学院教授、緑鐵受験指導ゼミナール代表を務める。心理学を児童教育、受験教育に活用し、独自の理論と実践で知られる。著書には『和田式　勉強のやる気をつくる本』（学研教育出版）『中学生の正しい勉強法』（瀬谷出版）『難関校に合格する人の共通点』（共著、東京書籍）など多数。初監督作品の映画「受験のシンデレラ」がモナコ国際映画祭グランプリ受賞。

ところが、板書だけや大事なところだけをノートに取ろうとすると、要点集のようになってしまい、あとで見てもよくわからないということが起こってしまいます。これでは参考書と変わりません。

　記録というのは、あとで読み返すことを前提としています。読み返したときにわかりやすいノートというのは、じつは字がきれいであるということ以上に、内容がよくわかるものになっています。早く書きすぎて自分でも読めないというのはまずいですが、そうでなければ、そのときの授業の様子を取れるだけ取っておいた方がいいでしょう。

授業用ノートとは別に復習用ノートを用意する

　勉強するときは、授業用の記録ノートを読み返し、大事なポイントや、試験に出そうなところ、自分がよく間違えてしまうところなどを抜き出した復習用のノートを作りましょう。このときのノートは内容が整理されているので、結果的にきれいになることが多くなります。このように自分なりに復習しやすいノートを作りましょう。

　東大生に限った話ではないですが、物事がよくわかっている人のノートがきれいになるのには理由があります。

　だれでもそうですが、知っている話や、わかっている話はとくにメモしたりすることはありません。知らなかったことや、大事だと思ったことだけを記録するわけです。そうすると必然的に書く量も減りますから、ノートはきれいになります。

　しかし、みなさんが授業で聞く内容はほぼ初めてのことが多く、どこが大事かはわからないはずです。なので、多くのことを記憶するためにも、たくさんの情報をノートに書く必要があります。それをもとに、復習の段階で、要点を整理するようにしましょう。

復習ノートは自分専用の教材

　復習用のノートを作るときは自分がわかりやすいように作ることがコツです。要点をまとめることももちろんですが、先生に質問した内容や、辞書やインターネットで調べたことなど、理解の補足になるものを添付しておくと、頭に入りやすくなります。

　さらに、よく間違えた問題など、自分の弱点を明記しておくと、次に似たような問題に取りかかるときに意識することができ、ミスの克服にも繋がります。

　こうすることで、復習用ノートは自分専用の教材になっていきます。世の中にはさまざまな参考書や問題集がありますが、この復習用ノートがあたなにとって最も効率よく勉強できるものになり、テスト前に見直しをするときなど、一番心強い味方になってくれるでしょう。

$E = 10a + b$

「Eの十の位の数を5倍して，その数から2をひいて，Fとしてください。」

$5a - 2 = F$ ………………… (1)

「Fを2倍して，その数にEの一の位の数を加えて，Gとしてください。」

$2F + b = G$ ………………… (2)

「Gは，いくつになりましたか。」

太郎さん「68になりました。」

$G = 68$

花子さん「はじめに考えた2けたの自然数Eは，72ですね。」

$E = 72$

問いは「計算した答えGに4を加えた数が、はじめに考えた自然数Eになるの」はなぜか、というものだったね。

それは、上の式を整理すればはっきりするはずだ。すぐにやってみよう。

(1)と(2)をまとめると、言いかえると(2)に(1)を代入すると、

$2(5a - 2) + b = G$

$10a - 4 + b = G$

$10a + b = G + 4$

この式の$10a + b$はEだね。ということは、

$10a + b = E = G + 4$

ということだ。つまり、

$E = G + 4$

Gに4を足すとEと等しくなる。だから、

「Gは、いくつになりましたか。」

太郎さん「68になりました。」

花子さん「はじめに考えた2けたの自然数Eは、72ですね。」

ということになるわけだ。

以上の説明を答案に書くとすると、説明の仕方はたった1つではない。採点者に分かるように書けばよい。その1つの例をあげておく。

解答例

はじめに考えた自然数Eは次のように表せる。

$E = 10a + b$

花子さんの言葉を表わすと、

$5a - 2 = F$

$2F + b = G$

となる。これらから、

$G = 2(5a - 2) + b$

$= 10a + b - 4$

$= E - 4$

$G + 4 = E$

ゆえに、計算した答えGに4を加えると、はじめに考えた自然数Eになる。

このように、文章題で出題されると、とまどう人がいるだろう。そういう人は、言葉を数式で表わすトレーニングをすれば、すぐに解けるようになる。

要は慣れることだ、慣れるためには過去問に取り組んで、できるだけ多くの問題を解くことだね。遠回りのように見えるけれど、けっきょくは早道になる。急がば回れだね。

編集部より

正尾佐先生へのご要望、ご質問はこちらまで！
FAX：03-5939-6014　e-mail：success15@g-ap.com
※高校受験指南書質問コーナー宛と明記してください。

※このページは33ページから読んでください。

まず、とにかく花子さんの言葉を、そのまま数式にするといい。

「好きな自然数を１つ考えて，その数をＡとしてください。」

「Ａに１を加えて、その数を２倍して，Ｂとしてください。」

$(A + 1) \times 2 = B$ ……………………　(1)

「Ｂに８を加えて、その数を２でわって，Ｃとしてください。」

$(B + 8) \div 2 = C$ ……………………　(2)

「ＣからＡをひいて，その数をＤとしてください。」

$C - A = D$ ………………………　(3)

「Ａを知らなくても，Ｄはわかります。Ｄは（　①　）ですね。」

Ｄはだれにもわかる。(1)〜(3)をまとめると、おのずとわかるのだ。さあ、(1)〜(3)をまとめよう。

(1)と(2)をまとめる、ということは、(2)に(1)を代入するということだ。

$(B + 8) \div 2 = C$

$\{(A + 1) \times 2 + 8\} \div 2 = C$

$(2A + 2 + 8) \div 2 = C$

$(2A + 10) \div 2 = C$

$A + 5 = C$ …………………………　(4)

(4)と(3)をまとめる。ということは、(3)に(4)を代入するということだ。

$A + 5 - A = D$

$5 = D$

つまり、Ｄは５だ。というわけで、太郎さんは**「すごい，正解です。」**と驚く、という仕掛けになっている。

解答　5

問題はまだ続く。

数あてⅡ

花子さん「次は，太郎さんの考える２けたの自然数をあててみせます。
「２けたの自然数を１つ考えて，その数をＥとしてください。」
「Ｅの十の位の数を５倍して，その数から２をひいて，Ｆとしてください。」
「Ｆを２倍して，その数にＥの一の位の数を加えて，Ｇとしてください。」
「Ｇは，いくつになりましたか。」
太郎さん「68になりました。」
花子さん「はじめに考えた２けたの自然数Ｅは，72ですね。」
太郎さん「正解です。なぜ分かったのですか。」
花子さん「計算した答えＧに４を加えると，必ず，はじめに考えた自然数Ｅになるのですぐに分かるので。」

イ　なぜ，計算した答えＧに４を加えた数が，はじめに考えた自然数Ｅになるのでしょうか。

はじめに考えた２けたの自然数Ｅの十の位を a，一の位を b として，そのわけを説明しなさい。

イは、アを少しだけ難しくしている。でも、考え方は同じだ。花子さんの言葉をそのまま式で表せばいい。ただし、**「２けたの自然数Ｅの十の位を a、一の位を b として、そのわけを説明しなさい」**と指定されているのを最初に頭に入れておこう。さあ、始めるぞ。

この花子さんの言葉は、「え〜と、**Ｅの十の位を a、一の位を b とし**というのだから、$E = ab$ だから……」

ちょっと待った！　それが間違いだ！

$E = ab$ という式は、$E = a \times b$ ということだね。だから、次のような大間違いをしてしまう。

２けた自然数、例えば35を ab で表わすと、

$35 = ab$

$ab = a \times b$

$a \times b = 3 \times 5$

$3 \times 5 = 15$　　　$\therefore$　$35 = 15$

ありゃりゃ？……だね。35と15が同じわけがない。最初の $E = ab$ が誤っているのだ。

35の十の位は３という数字だ。これを a で表わすというところに大きな落し穴がひそんでいる。３は数字だが a は数値だ。数字と数値は異なる。

「ん？　数字と数値は異なるって？」

と頭をかしげる人もいるだろう。数値は実際の値なんだ。35と数字で書いてあるが、この３は実際は30だね。つまり、３と書いても実際は30だ。３→30ということだ。

とすると、十の位に a と書いてあるのは、a→a の10倍だ。a の10倍は $10a$ だね。

30という自然数の十の位を a で表わすとき、実際の値を考えると、$30 = 10a$ ということになる。

だから、35という２けたの自然数は30+５だから、これを a と b で書き表わすときは、$10a + b$ とすると間違いがなくなる。

「２けたの自然数を１つ考えて，その数をＥとしてください。」

※このページは33ページから読んでください。

$x^2 \underline{- 12} x + 35$

　　↑これが－12だから、

$x^2 - 12x + 35 = (x - 5)(x - 7) = 0$

解答　$x = 5,\ 7$

続いて千葉県の問F。

$(x + 1)(x - 7) - 20$

$= x^2 + x - 7x - 7 - 20$

$= x^2 - 6x - 27$

あとは問Eと同じように考えればいい。

掛けると－27、足すと－6になるような2つの数はなーんだ？

$3 \times (-9) = -27 \quad (-3) \times 9 = -27$

$3 + (-9) = -6 \quad (-3) + 9 = 6$

3と－9だね。だから

$x^2 - 6x - 27$

$= (x + 3)(x - 9)$

解答　$(x + 3)(x - 9)$

次は神奈川県の問Gだ。連立方程式の基礎的な問題だね。$2x - y = 8$を2倍して、$4x + 3y = 6$から引いてしまおう。

$4x + 3y = 6$

$\underline{-)\ 4x - 2y = 16}$

$5y = -10$

$y = -2$

これを$2x - y = 8$に代入すると、

$2x - (-2) = 8$

$2x + 2 = 8 \qquad \therefore x = 3$

解答　$x = 3,\ y = -2$

最後は、埼玉県の問Hだ。

$x = \sqrt{5} + 1$を$x^2 - 2x + 1$に代入するだけの問題だね。

$x^2 - 2x + 1$

$= (\sqrt{5} + 1)^2 - 2(\sqrt{5} + 1) + 1$

$= \sqrt{5}^{\,2} + 2\sqrt{5} + 1 - 2(\sqrt{5} + 1) + 1$

$= 5 + 2\sqrt{5} + 1 - 2(\sqrt{5} + 1) + 1$

$= 5 + 2\sqrt{5} + 1 - 2\sqrt{5} - 2 + 1$

$= 5$

解答　5

じつは、この問題は別の解き方もある。$x^2 - 2x + 1$という式を見てピンときた人もいるだろう。$x^2 - 2x + 1$は因数分解できる。それを利用するんだ。

$x^2 - 2x + 1$

$= (x - 1)^2$

これに$x = \sqrt{5} + 1$を代入すると、

$= (\sqrt{5} + 1 - 1)^2$

$= (\sqrt{5})^2$

$= 5$

このほうが、速く解けるね。

問Aから問Hまで、全問あっさり解けた人が多いだろう。「ものたりないなぁ～」と思うだろうから、すこしだけ時間のかかる問題をやってみよう。埼玉県の問題だ。

次は、花子さんと太郎さんが**数あてⅠ**、**数あてⅡ**をしたときの会話です。これを読んで、下のア、イに答えなさい。

数あてⅠ

花子さん「今から，数あてをします。頭の中で考えてください。
「好きな自然数を1つ考えて，その数をAとしてください。」
「Aに1を加えて，その数を2倍して，Bとしてください。」
「Bに8を加えて，その数を2でわって，Cとしてください。」
「CからAをひいて，その数をDとしてください。」
「Aを知らなくても，Dは分かります。Dは（　①　）ですね。」

太郎さん「すごい，正解です。」

ア（　①　）にあてはまる数を求めなさい。

何《なに》気《げ》に（おっと若者言葉はやめよう）、なんとなく難しくて面《めん》倒《ど》い（ありゃ、また若者言葉が出てしまった）ようにみえるが、素直に考えて、花子さんの言った通りに計算していくと、ちゃんと正答へ導かれるんだ。さあ、解いてみよう。

教育評論家 正尾 佐の

高校受験指南書

数学

【七拾八の巻】今年出た基礎的な問題

Tasuku Masao

今号からは「今年出た基礎的な問題」シリーズを開始する。どんなに偉そうなことを言っても、易《やさ》しい問題を解けないようじゃ、話にならない。

というわけで、今年、首都圏1都3県の公立高校入試で出題された数学の平易な問題を解いてみよう。もし1問でも誤ったら、それはおそらくケアレスミスだろうから、自分の粗忽《そこつ》さを深〜く反省しよう。

どの都県の入試問題を見ても、第1問から順に易しい計算問題が並んでいる。1都3県の第1問はこんなのだ。

問A　$7-(-5)$　を計算しなさい。　（千葉）

問B　$4-(-6)$　を計算しなさい。　（神奈川）

問C　$-7+8\times\left(-\frac{1}{4}\right)$　を計算しなさい。　（東京）

問D　$7x+x$　を計算しなさい。　（埼玉）

どれも暗算ですぐに答えを出せるね。

「は〜い、問Aは12。問Bは10で、問Cは$-\frac{1}{4}$、問Dは$8x$でしょ。はい、ぜ〜んぶ、合っていました」

ん？　おやおや、間違っているぞ。問Cは-9だよ。うっかりこんなふうに計算してしまったね。

$$-7+8\times\left(-\frac{1}{4}\right)$$
$$=1\times\left(-\frac{1}{4}\right)$$
$$=-\frac{1}{4}$$

上のように、先に$-7+8$を計算して、それからそれに$-\frac{1}{4}$を掛けてしまうと誤答になる。

もちろん、$8\times\left(-\frac{1}{4}\right)$を最初に計算して、それと$-7$を足すんだ。

解答　問A　12、問B　10、問C　-9、問D　$8x$

え？　易しすぎるって？　それでは、ちょっとだけレベルを上げよう。

問E　二次方程式 $x^2-12x+35=0$　を解け。　（東京）

問F　$(x+1)(x-7)-20$　を因数分解しなさい。　（千葉）

問G　次の連立方程式を解きなさい。

$$\begin{cases}4x+3y=6\\2x-y=8\end{cases}$$

（神奈川）

問H　$x=\sqrt{5}+1$　のとき、x^2-2x+1　の値を求めなさい。　（埼玉）

「これも暗算でできるよ」という人もいるだろうね。そういう人は、かなり数学（とくに計算問題）の得意な人だろう。でも、中3の5人に4人は紙の上で筆算しなければならないだろうから、そういう人たちのために説明するぞ。

まず東京都の問Eだが、これは易しい。

$$x^2-12x+\underline{35}=0$$

↑この35に目をつけるんだね。なにとなにを掛けたら35になるだろうか？　そう5と7だ。で、5と7を足すといくつになる？　そう12だ。

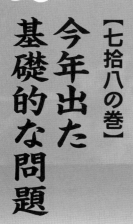

宇津城センセの受験よもやま話

ある少年の手記⑤

宇津城 靖人先生
早稲田アカデミー　特化ブロック　ブロック長
兼 ExiV西日暮里校校長

キース・ジャレットが好きだ。

ぼくはいつも落ち込んだり、逆にテンションがあがってうまくコントロールできなかったりするときに、キースの「ザ・ケルン・コンサート」を聞くことにしている。初めて聴いたとき、この音楽が本当に即興のコンサートで奏でられたものだとは信じられなかった。こんな神様が作ったとしか思えない曲が、その場の思いつきで奏でられているのは、ある意味奇跡だ。

そんなキースの優しく、ときに強く響いてくる旋律は、迷いの多いぼくに「迷うな」と言ってくれているような気がする。落ち込んだときには、「人間にはこんな奇跡が起こせるんだ」ということで元気になるし、逆に興奮気味で前のめりになっているときは、「美しい調べのように穏やかになろう」という感触から、自然と落ち着くことができる。いわばぼくの精神安定剤のようなものとなっている。

このCDのジュエルケースにはヒビが入っているが、ぼくにとってはこのヒビさえもが愛おしい。

ぼくがこのCDと出会ったのは、2年前、中学1年のときだ。そのときぼくは、CDを買おうとデパートのなかにあるCD売り場にいた。生まれて初めて、自分のお小遣いでCDを買おうとしていた。クラスの友だち同士が、CDの貸し借りをしているのを見てうらやましく思ったという、本当に子どもじみた理由からである。

自分にも人に貸せるようなCDがあれば、きっと友だちと仲良くできるだろうし、なんだか音楽に興味がある人は大人っぽくてカッコイイ。それだけの理由だった。

CDショップに入ると、売り場の入り口付近には、まさに友だちが貸し借りをしていた人気グループのCDが派手に並べられていた。きっと売れているのだろう。そのほかにもテレビでよく見かけるアーティストやアイドルのCDがランキング形式で並べられていた。

ぼくは、本当は人気のある女性アイドルグループのCDが欲しかったのだが、なぜだかそれをレジへ持っていくことがとても恥ずかしいことのように思えて、そのCDをなかなか手にすることができなかった。

ほかのお客がその売り場付近に近づいてくると、さも「ぼくはほかの音楽に興味があるので、この売り場は通りかかっただけですよ」という感じを醸し出しながら（すごく不自然だったと思う）、店の奥の方、クラシックや民族音楽のコーナーへと移動していった。

奥の方にあるクラシックコーナーの一角、ピアノのCDコーナーに、そのおじさんはいた。

おじさんは、1枚1枚、CDを手に取りながら、ジャケットの裏面をじっくり

と見くらべていた。印刷されている文字を真剣に読んで、ぶつぶつとなにかをしゃべっているようだが、なにを言っているのかはまったくわからない。スーツを着て身なりは小奇麗にしているけれど、ちょっとアブない、近寄りがたい雰囲気があった。

　かかわらないようにしようと思って、おじさんの後ろを通り抜けようとしたそのとき、ぼくが肩から斜めがけをしていたカバンが、おじさんの後ろひざあたりにガツンとぶつかってしまった。そしておじさんはその衝撃で、手にしていたCDを落としてしまった。そして、パキッという音が聞こえた。

「すみません!」

　ぼくは謝りつつも、落ちたCDを素早く拾っておじさんに手渡そうとした。

「ザ・ケルン・コンサート…。」

　おじさんはぼくの差し出したCDを受け取らずに、ポツリと言った。

「え、なんですか?」

「１９４５年1月24日に録音された即興ピアノアルバムだ。」

「え、これが、ですか?」

「そう。もともとはレコードで2枚組みだった。ECMから出ていたはずだ。いまではCD化されて1枚にまとめられている。キース・ジャレットのアルバムのなかでは一番人気があるものだ。」

「キース・ジャレット?」

　ぼくはおじさんがなにを言ってるのかよくわからなかったが、有名なCDであることだけはわかった。

「私もウチの針で初めて聴いたときは、なんてすばらしい音色なのだろうと感動したことを覚えている。とくにパートⅡCが好きだがね。」

「針で聴く? どういうことですか?」

「ああ、針でレコードを聴くってことだよ。私は昔、レコード針の会社で働いていてね。」

　おじさんは懐かしそうに遠い目をした。

「ダイヤモンドでできたレコード針で聴くと、本当に素晴らしい音が響いてくるんだよ。」

　おじさんはさらに遠い目をして言った。ぼくはとにかく拾ったCDをおじさんに渡さねばならないと思って、両手で差し出して聞いた。

「これ、買おうとしてたんですか?」

「いや、ぼくはレコードを既に持っているから。」

　そう言いながら、おじさんはCDを受け取ろうとはしなかった。

「そうですか。じゃあ、棚に戻した方がいいですね。」

　ぼくは棚に戻すために、CDを右手で持ち替えた。するとジャケットの裏面が目に入った。ぼくがぶつかって落としてしまったせいで、ジュエルケースにヒビが入っていた。

「ああ、割れちゃってる!」

　ぼくは驚いたせいで大きな声を出してしまった。

　おじさんはそんなぼくを見ながら、優しげな低い声で言った。

「キースが君を選んだのかもしれないね。」

「え、どういうことですか?」

「レコードでもそうなんだが、その曲が必要だという人間の手元に、自然とその曲が届くということがよくあるということだよ。」

　そう言っておじさんは少し自嘲気味に笑った。

「ずいぶん昔のアルバムだが、これは名盤だよ。こんなことでもなければ、君のような若い世代の人はきっと触れる機会もなかっただろう。君がぶつかって私が落として、ケースにヒビが入ったことで、君とのかかわりが深くなった。これも一つの『奇跡』だと思う。」

「いいCDなんですよね?」

「いいアルバムだよ。間違いない。聴いて損はない。君に『音楽を愛《め》でる』姿勢があればだがね。」

　おじさんは初めてぼくの方を振り向いて、ぼくの目を見て言った。

「覚えておくといい、少年。なにごとも『愛でる気持ちがなければ、本当の姿を見ることはできない』のだよ。どんなものでも『愛でる』気持ちを持たない者には、そのよさやすばらしさは絶対に伝わらない。ものごとをネガティブに捉えようとする者、あら捜しをしようとする者、斜めに見ようとする者、すなわち素直な心を持たず、不平ばかりを述べている小さき者には、永遠に世界の美しさは理解できないんだ。アジサイの青のような美しさはね。」

　おじさんはそう言って、また棚からCDを取り出しては、裏ジャケットの文字を読みこむという作業に戻ってしまった。

「あ、ぼく、これ、買います。ありがとうございました。」

　ぼくはおじさんにお礼を言ってレジへと向かおうとした。するとおじさんは肩越しに

「ⅡCがお勧めだ。君の人生に糧を与えてくれるはずだ。」

と、こちらを一顧《いっこ》もせずに棚に向かって言うと、またもや作業に没頭していった。

　この出会いから、『ザ・ケルン・コンサート』はぼくのスペシャルになった。おじさんの言っていた通り、ぼくの人生に糧を与えてくれている。人生にはこんな奇跡のような出会いがあるものだ。キースの奇跡の演奏に奇跡的に出会ったぼく。

　今日は、明日の朝のことを想像すると高鳴ってしまう自分の胸を落ち着かせるために、ⅡCを聴いている。明日は、あのキーホルダーを、サーフボードをいよいよ返すつもりだ。

　キースの奇跡がぼくに力を与えてくれることを願いながら、ピアノの音色に酔いしれているうちに、ぼくは眠りに落ちていった。

WASE-ACA TEACHERS

グレーゾーンに照準！ 今月のオトナの言い回し 「遅きに失する」

「遅すぎて間に合わない」「時機《じき》を逸《いっ》して役に立たない」という意味をあらわす言い回しです。「もう遅い！」「タイミングを外した！」という文句ですね。当然、使い方としては、「今さらそんなことをしても、もう手遅れだ！」という非難を込めて、相手を責めたてる場合に使うことがほとんどです。動きの遅い「お役所」の仕事を糾弾する際に、しばしば登場する表現だったりします。

けれどもここで注意してほしいのが、「ついに対応してくれなかった！」というクレームではない、という点です。結局、最後は「対応してくれた」のです。あくまでも「対応が遅い」ということを問題にしているのであって、門前払いをくらって相手にされなかったワケではないのです。

「だったら、文句を言わなくてもいいじゃない…」と思うかもしれませんが、そう単純に割り切れるものではないのが人情なのですよ。人は、「無視される」ことを、とても嫌がります。自分の意見に対して、それを相手が酌《く》んでくれない、となると自分を否定されたようで、機嫌が悪くなってしまいます。たとえ最終的には、相手が自分の意見に理解を示してくれたとしても、そこに至るまでのプロセスにおいて、すでに気分を害していますので、「今さら分かりましたと言われても…」と素直になれなかったりするのです。

そこで登場するのが、この「遅きに失する」という言い回しなのです。「ほらね、私の言った通り、○○は必要だったでしょ。これまで何度も忠告してきたじゃない。今さら○○は大切でした、なんてよく言えるね。気づくのが遅いよ！」という意味を込めて「遅きに失する」という言葉を使い、相手側の「おっしゃる通りでございます。ご指摘の通り対応させていただきました。誠に申し訳ございません。あなた様の先見の明には感服いたしました」という態度を引き出し、ようやく溜飲を下げる、というわけです。面倒くさいですよね（笑）。

ではこの言い回しを、「相手の対応」について使うのではなく、「自分の行い」について使ってみたらどうでしょうか？ 自らの行動について、「遅すぎて間に合わない！」と、言ってみたところで、一体何の言い訳になると言うのでしょう

国語 東大入試突破への現国の習慣

「もう遅い」は言い訳です。やったほうが結果は良いに決まっていますよ！

田中《たなか》 利周《としかね》先生
早稲田アカデミー教務企画顧問

東京大学文学部卒。東京大学大学院人文科学研究科修士課程修了。文教委員会委員。現国や日本史などの受験参考書の著作も多数。早稲田アカデミー「東大100名合格プロジェクト」メンバー。

か？　なるのですよ、これが。「とりあえず、やりました」という意味で。最低限、行動は起こしました！　というアピールになるわけです。やるべきことのタイミングを逸《いっ》してしまいましたが、決して「やらなかったわけではない」という言い訳になるのです。

「そんな言い訳をするくらいなら、始めからやりません」という潔い？　態度をとりたくなってしまうのが中学生という時期なのですが、あえて言いましょう、たとえ遅きに失したとしても、「やるべきことはやらなくてはならない」と。

「お役所」の例を挙げましたが、皆さんは、自分自身を省みてくださいね。こんなことはありませんか？「あ～あ、中間試験まで、もうあと1週間だよ。今さら試験勉強を始めても間に合わないし。1ヶ月前から準備していればよかった。もう今回はあきらめた…」。

まさに「遅きに失した」ワケですが、実はここが踏ん張りどころなのです。やるしかないことは、今からでもやるのです！　やり抜くのです。

「いつやるか？　今でしょう！」という最近ハヤリのフレーズは、このタイミングで使うしかありませんよ。ことを始めるにあたっては、何にせよ、遅きに失するなどということはない！　と、強く皆さんに訴えかけたいと思います。

そしてたとえ、遅きに失したとしても、「やらないよりも、やったほうがマシ」は真実です。このことは経験則として断言できるということを、皆さんにお伝えしておきます！

慇・懃・無・礼?!

今月のオトナの四字熟語

「自己評価」

「自分はダメな人間だと思いますか？」こう質問されて「そう思う」と答える中学生の割合はどれくらいだと思いますか？　国際比較による統計があるのですが、中国の中学生の11％、アメリカの中学生の14％が、「そう思う」と答えています。

さて、問題は日本の中学生です。実に56％が「そう思う」、すなわち「自分はダメな人間だと思う」と答えているのです。この自己評価の低さは確かに深刻ですが、国民性の違いもありますので、日本人の「自分はダメだ」という自己言及と、アメリカ人の「自分はダメ」という認識には、随分と隔たりがあるのかもしれません。それにしても、日本人は「私なんかダメ」を言い過ぎますよね。ここでいう自己評価とは「自己肯定感」のことですが、「自分を肯定できない」という思い込みは、やはり問題だと思います。

筆者がこのコーナーを担当させてもらっているのは、これまで数多くの教え子を東大に合格させてきたから…というよりも、多くの教え子が勝手に東大に合格してくれたからに他ならないのですが、東大合格という受験結果を手に入れた彼ら・彼女らを長年見続けてきて思うことは、おしなべて皆「自己評価が高い」ということ、すなわち「自己肯定感」を持ち合わせている、ということです。

そもそも「東大を受験しよう！」という意志を持つこと自体が、実は東大受験において最大の関門であったりします。よほど学力に自信がなければ思いきれないだろうと、皆さんそう考えませんか？

実際にそう考える受験生が多いからこそ、東大の入試倍率はいつも3倍程度なのです。受験してしまえば「三人に一人」合格するのです。いかに受験にたどり着くまでに「あきらめて」しまう受験生が多いのか、ということが分かる数字になっていますよね。

「模試を受けても成績が思うように伸びない」、「科目数が多すぎて勉強が間に合わない」、ネガティブな要素が積み重なって「もう、あきらめよう」という気持ちが心の中で膨れ上がってきそうな、むしろそんな時にこそ、「何とかできる！」とポジティブに思えるかどうか。「自己評価」を発揮し、「自己肯定感」を高めることで、前向きに取り組むことができる。東大合格生の特徴は、まさにこの点に現れてくるのです。

「どうしたら、そんなに自分を肯定できるのですか？」という声が聞こえてきそうですが、多くの東大合格生が抱いている「自信」も、そのきっかけは「ささいなこと」だったりするのですよ。「先生にほめられたこと」だったり、「友達から言われた何気ない一言」だったり、そんなものなのです。ほめられたことが自信を持つ「きっかけ」になったという意味は、常にほめられ続けてきた「結果」自信をつけたということではありません。東大合格生にしても「10の行いのうち1ほめられた」ということを自信の根拠にしているのです。すなわち「9はできなかった」のです。客観的に見れば「できないことの方がはるかに多い」。それは誰だってそうなのです。それでも「自分にはこんなにできることがある！」と主観的に思えるかどうか。その後押しを誰かがしてくれることがポイントでしょうね。幼い頃なら親御さんでしょうが、思春期の君たちには、やはり「先生」「友達」でしょう。早稲田アカデミーの教室で切磋琢磨している環境というのは、こうした自信をつけるチャンスだと考えてください！　先生たちは君たちをほめたくてウズウズしているはずですから。

問題2

(1)　$x=\sqrt{7}+2$　のとき、x^2-4x　の値を求めなさい。　（茨城県）

(2)　$x=\sqrt{5}-\sqrt{3}$、$y=\sqrt{5}+\sqrt{3}$　のとき、x^2+xy+y^2　の値を求めよ。　（都立武蔵）

(3)　$x=\sqrt{3}y-1$、$y=\sqrt{3}x$　のとき、次の式の値を求めよ。

$(\sqrt{3}-y)^2-\frac{2}{\sqrt{3}}(\sqrt{3}-y)-(1-x)^2$　（巣鴨）

＜考え方＞

(1)　因数分解してから代入します。

(2)　$x^2+xy+y^2=(x+y)^2-xy$ と変形すると、計算が簡単になります。

(3)　まずyを消去してxを求めましょう。

＜解き方＞

(1)　$x^2-4x=x(x-4)=(\sqrt{7}+2)(\sqrt{7}-2)=7-4=\mathbf{3}$

(2)　$x+y=2\sqrt{5}$、$xy=(\sqrt{5}-\sqrt{3})(\sqrt{5}+\sqrt{3})$
$=5-3=2$だから、

$x^2+xy+y^2=(x+y)^2-xy=(2\sqrt{5})^2-2=\mathbf{18}$

(3)　$x=\sqrt{3}y-1$に$y=\sqrt{3}x$を代入すると、$x=3x-1$より、$x=\frac{1}{2}$

これより、$y=\frac{\sqrt{3}}{2}$

これらを代入して、

$(\sqrt{3}-y)^2-\frac{2}{\sqrt{3}}(\sqrt{3}-y)-(1-x)^2$

$=(\sqrt{3}-\frac{\sqrt{3}}{2})^2-\frac{2}{\sqrt{3}}(\sqrt{3}-\frac{\sqrt{3}}{2})-(1-\frac{1}{2})^2$

$=(\frac{\sqrt{3}}{2})^2-\frac{2}{\sqrt{3}}\times\frac{\sqrt{3}}{2}-(\frac{1}{2})^2$

$=\frac{3}{4}-1-\frac{1}{4}$

$=\mathbf{-\frac{1}{2}}$

次は無理数の小数部分についての問題で、例えば、「$\sqrt{2}$の小数部分をaとするとき、a^2の値を求めなさい。」というような問題です。

$\sqrt{2}=1.4142\cdots$より、整数部分は1、小数部分は0.4142…ということですが、これを用いて、$a^2=(0.4142\cdots)^2$　としても、問題は解決しません。

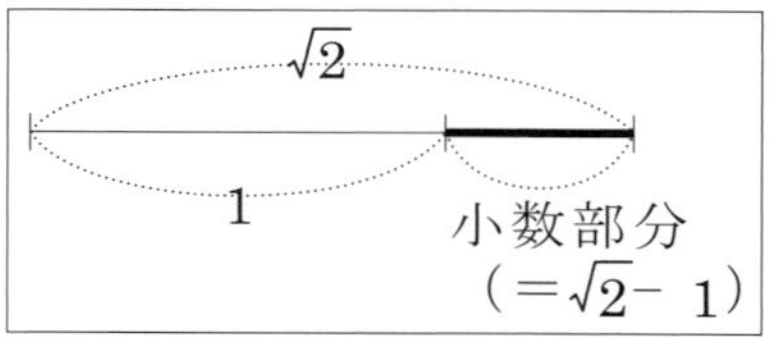

ここでは、図のように、$\sqrt{2}$の小数部分を$\sqrt{2}-1$と表すことがポイントで、これを用いて次のように式の値を求めます。

$a^2=(\sqrt{2}-1)^2=3-2\sqrt{2}$

問題3

(1)　$5-\sqrt{3}$の整数部分をa、小数部分をbとするとき、$\frac{7a-3b^2}{2a-3b}$の値を求めよ。

（早稲田実業）

(2)　$\frac{\sqrt{5}+2}{\sqrt{3}}$の整数部分を$a$とするとき、$(\sqrt{5}+2-a)(\sqrt{5}-2+a)$の値を求めよ。

（明治大学付属中野）

＜考え方＞

(2)　$\frac{\sqrt{5}+2}{\sqrt{3}}$の2乗を考えます。

＜解き方＞

(1)　$-2<-\sqrt{3}<-1$より、$3<5-\sqrt{3}<4$

よって、$a=3$、$b=5-\sqrt{3}-3=2-\sqrt{3}$

これより、分子$=7\times3-3(2-\sqrt{3})^2$
$=21-3(7-4\sqrt{3})=12\sqrt{3}$

また、分母$=2\times3-3(2-\sqrt{3})=3\sqrt{3}$

よって、$\frac{7a-3b^2}{2a-3b}=\mathbf{4}$

(2)　$\left(\frac{\sqrt{5}+2}{\sqrt{3}}\right)^2=\frac{9+4\sqrt{5}}{3}=3+\frac{\sqrt{80}}{3}$

$8<\sqrt{80}<9$より、$\frac{8}{3}<\frac{\sqrt{80}}{3}<3$だから、

$5<3+\frac{\sqrt{80}}{3}<6$

よって、$2<\frac{\sqrt{5}+2}{\sqrt{3}}<3$より、$a=2$

これを代入して、

$(\sqrt{5}+2-a)(\sqrt{5}-2+a)=\sqrt{5}\times\sqrt{5}=\mathbf{5}$

平方根は因数分解と並んで、その先の単元を学習するうえでとても重要な基礎になります。難しい応用問題の解き方をひらめいても、式や平方根を含む数の性質への理解と計算力が不十分であれば、正解にたどり着くことは困難です。ですから、平方根の基礎を確認しながら、しっかり練習に取り組むことが大切です。

　今月は中3で新しく登場する平方根を学習していきたいと思います。

　はじめに、平方根の計算問題を見ていきましょう。どの学校の入試でも必ず出題されており、乗法公式を利用する複雑な計算も少なくありませんので、十分な練習が必要です。

問題1

(1)　$(\sqrt{7}+6)(\sqrt{7}-2)$　（東京都）

(2)　$\sqrt{3}\left(\frac{\sqrt{32}}{5}+\sqrt{0.08}\right)-\frac{3}{\sqrt{6}}$　を計算せよ。

（都立立川）

(3)　$\sqrt{\frac{7}{3}}\times\frac{(\sqrt{3}+\sqrt{2})^2}{\sqrt{14}}+\frac{\sqrt{6}}{3\sqrt{(-2)^2}}$　を計算し、分母に根号を含まない形で表しなさい。

（都立西）

(4)　$(\sqrt{2}+\sqrt{3}+\sqrt{5})(-\sqrt{2}-\sqrt{3}+\sqrt{5})-(\sqrt{2}-\sqrt{3})^2$　を計算しなさい。

（東京学芸大附属）

<考え方>

(1)　公式 $(x+a)(x+b)=x^2+(a+b)x+ab$ を利用します。

(3)　$\sqrt{(-2)^2}=\sqrt{4}=2$ であることに注意しましょう。

(4)　$\sqrt{2}+\sqrt{3}=\mathrm{A}$ とおいて、公式 $(a+b)(a-b)=a^2-b^2$　を利用します。

<解き方>

(1)　$(\sqrt{7}+6)(\sqrt{7}-2)=7+4\sqrt{7}-12=\mathbf{-5+4\sqrt{7}}$

(2)　$\sqrt{3}\left(\frac{\sqrt{32}}{5}+\sqrt{0.08}\right)-\frac{3}{\sqrt{6}}$

$=\sqrt{3}\left(\frac{4\sqrt{2}}{5}+\frac{2\sqrt{2}}{10}\right)-\frac{3\sqrt{6}}{6}$

$=\sqrt{3}\sqrt{2}-\frac{\sqrt{6}}{2}=\sqrt{6}-\frac{\sqrt{6}}{2}=\mathbf{\frac{\sqrt{6}}{2}}$

(3)　$\sqrt{\frac{7}{3}}\times\frac{(\sqrt{3}+\sqrt{2})^2}{\sqrt{14}}+\frac{\sqrt{6}}{3\sqrt{(-2)^2}}$

$=\frac{5+2\sqrt{6}}{\sqrt{6}}+\frac{\sqrt{6}}{6}=\frac{5\sqrt{6}+12}{6}+\frac{\sqrt{6}}{6}=\frac{6\sqrt{6}+12}{6}=\mathbf{\sqrt{6}+2}$

(4)　$(\sqrt{2}+\sqrt{3}+\sqrt{5})(-\sqrt{2}-\sqrt{3}+\sqrt{5})-(\sqrt{2}-\sqrt{3})^2$

$=\{\sqrt{5}+\mathrm{A}\}\{\sqrt{5}-\mathrm{A}\}-(5-2\sqrt{6})$

$=5-\mathrm{A}^2-5+2\sqrt{6}=-(\sqrt{2}+\sqrt{3})^2+2\sqrt{6}$

$=-(5+2\sqrt{6})+2\sqrt{6}$

$=-5$

　続いて、式の値を求める計算です。そのまま代入して計算するよりも、因数分解を利用するなど、いろいろと工夫できる問題が多いのが特徴です。

数学

楽しみmath数学! DX

平方根の基礎を確認し確かな計算力をつける

登木 隆司先生

早稲田アカデミー　城北ブロック ブロック長
兼 池袋校校長

英語　英語で読む名作

川村 宏一先生
早稲田アカデミー　教務部中学課　上席専門職

The Ant and the Grasshopper

いよいよ6月。月日が経つのは早いものですね。英語では、Time flies like an arrow. ということわざがあります。「光陰矢の如し」つまり「時間は矢のようである→時間はあっという間に過ぎていく」という意味です。

あとで後悔しないように、いまできることをしっかりやっていきたいものですね。まもなく定期テストという人もいるでしょう。計画的に勉強し、ベストを尽くしてくださいね。

さて、今回取り上げるのは、Aesop(イソップ)著『AESOP'S FABLES(イソップ寓話)』から、『The Ant and the Grasshopper(アリとキリギリス)』です。

この話は『イソップ寓話』のなかでも有名な話なので、知っている人も多いと思います。「夏の間、アリたちは冬の食糧を蓄えるためにせっせと働き、キリギリスはバイオリンを弾き、歌を歌って過ごします。やがて冬が来て、キリギリスは食べ物を探したけれども見つからず、最後にアリたちにお願いをして食べ物をもらおうとするが…」という話です。

そんなキリギリスにアリは食べ物をあげたのか？　それとも見捨ててしまうのか？　じつは、オリジナルの結末とみなさんが知っている結末は異なります。気になる方は、ぜひ原文を読んでみてください。

今回学習するフレーズ

"What!" cried the Ants ①in surprise, "②haven't you stored anything away for the winter? ③What in the world were you doing all last summer?"

全　訳

「なに！」アリは驚いて叫んだ。「君は冬に備えてなにかを蓄えていなかったのかい？　いったい全体、夏の間中、君はなにをしていたんだい？」

Grammar＆Vocabulary	
①　in surprise	おどろいて (ex) I awoke in surprise. awoke ⇒ awake (=「目を覚ます」の過去形) 「私は驚いて目を覚ました」
②　Haven't you stored ～	～を蓄えていなかったの？　→　現在完了の否定疑問文 ※　現在完了　have (has) + 動詞の過去分詞形 「(昔～して) それが現在まで続いている」イメージ (ex) I have lived in Yokohama for three years. 「私は３年間(３年前から現在まで)横浜に住んでいる」 ※　否定疑問文　Be動詞やDo (did / does)などとnotの短縮形から始まる疑問文「～じゃないのですか？」 (ex) Don't you like tomatoes? No, I don't. 「あなたはトマトが好きではないのですか？」「はい、好きではありません」
③　疑問詞 + in the world	疑問詞の強調　What in the world ～？「いったいなにを～？」 (ex) Where in the world did you go? 「あなたはいったいどこへ行ったの？」

みんなの数学広場

TEXT BY かずはじめ

数学を子どもたちに、楽しく、わかりやすく、使ってもらえるように日夜研究している。好きな言葉は、"笑う門には福来る"。

問題編

初級～上級までの各問題に生徒たちが答えています。どの生徒が正しい答えを言っているか当ててみよう。もちろん、当てずっぽうじゃなく、実際に問題を解いてみてね。

答えは次のページ

上級

さあ、今年もこの2月に行われた国立大学の入試問題を入手しました。以下は京都大の理系の問題です。大学入試にはいろいろな解法があります。中学生のみなさんは解けるでしょうか？

平行四辺形 ABCD において、辺 AB を 1：1 に内分する点を E、辺 BC を 2：1 に内分する点を F、辺 CD を 3：1 に内分する点を G とする。線分 CE と線分 FG の交点を P とし、線分 AP を延長した直線と辺 BC の交点を Q とするとき、比 AP：PQ を求めよ。

A

答えは…

19：3

これがわかれば京都大だ!

B

答えは…

6：1

京都大の問題!?
だいたいこれくらいかしら。

C

答えは…

2：1

大学の入試問題!?
そんなの無理だって。

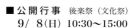

中級

発明王のトーマス・エジソンは、子どものころ、１＋１＝１と言っていたそうです。その理由は「あるものを足したらこうなる」とエジソンが言ったそうです。さて、なにを足したのでしょうか。

A

答えは…

おにぎり

エジソンは食いしん坊だったのよ。

B

答えは…

泥団子

最初に先生が泥団子で説明したんだよ。

C

答えは…

りんご

おなかのなかでひとつになるという意味よね。

初級

風速が毎分 1m の風が西から東に吹いています。そこへ、西から東に時速 60km の電気機関車が走っています。機関車の煙はどの方角にたなびくでしょう。

A

答えは…

垂直に立ち上る

風が時速 60km で機関車も時速 60km と同じだから。

B

答えは…

西にたなびく

西から東に向かう機関車だから時速は関係ないよ。

C

答えは…

煙はたなびかない

不思議です。

解答編

上級

正解は 答え **A**

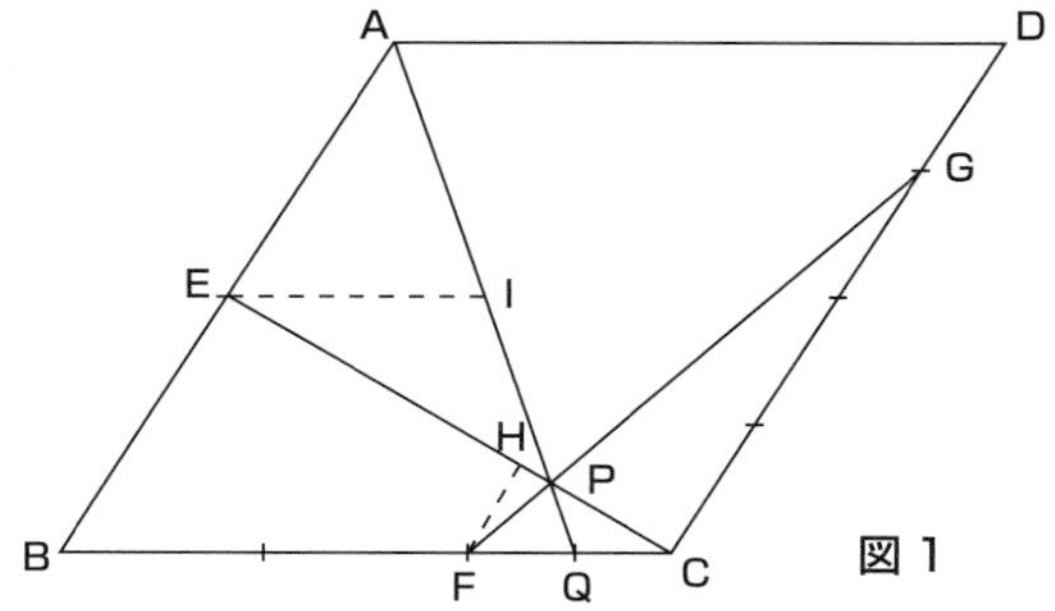

図1

最終目標が AP：PQ なので
AP:PQ を含む相似な三角形を作るのがコツです。

F から EC 上へ FH//BE となるように H をとります。

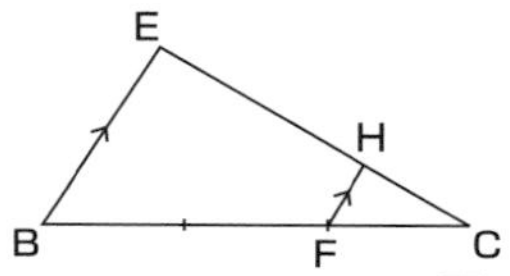

図2

△ CBE ∽△ CFH より
BE ＝ 3 とおくと
HF ＝ 1 ……………… ①
①より、BE ＝ 3 としているので AB ＝ DC ＝ 6
よって CG ＝ $\frac{3}{4}$ × CD ＝ $\frac{3}{4}$ × 6 ＝ $\frac{9}{2}$
△ PHF ∽△ PCG なので
HP：PC ＝ HF：CG
＝ 1：$\frac{9}{2}$ ＝ 2：9 …… ②

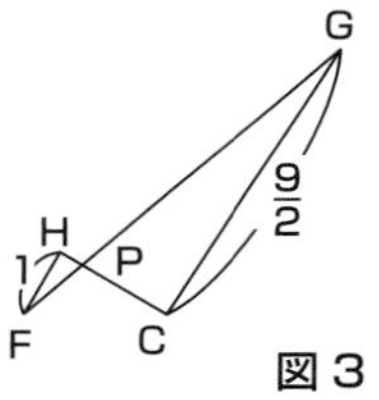

図3

次に E から AQ 上に EI//BC となる I をとると
△ EIP ∽△ CQP より
IP：PQ ＝ EP：PC

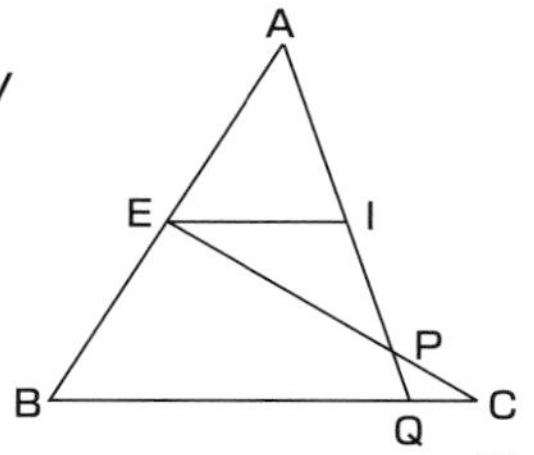

図4

②より

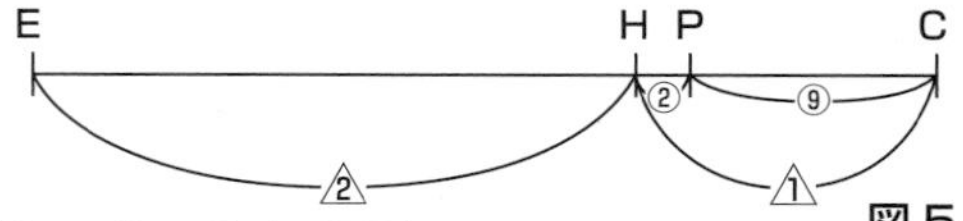

図5

EH：HC ＝ 2：1 なので
EH：HC ＝ 22：11 とみると
EP：PC ＝（EH ＋ HP）：PC ＝（22 ＋ 2）：9
＝ 24：9 ＝ 8：3

つまり EP：PC ＝ IP：PQ ＝ 8：3 ………… ③

I は AQ の中点なので（△ AEI ∽ ABQ）

IQ ＝ 8 ＋ 3 ＝ 11 とみると
AI ＝ IQ ＝ 11
よって AP：PQ ＝（AI ＋ IP）：PQ
＝（11 ＋ 8）：3
＝ 19：3

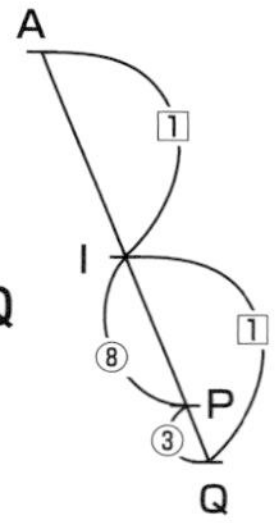

図6

確かに見た目だと 6：1
に見えなくもないですが。

はじめから諦めてちゃ
絶対に解けないですよ。

中級

正解は　答え B

子どものころのエジソンは、学校の先生が泥団子で教えた「1 ＋ 1 ＝ 2」に納得がいかなかったそうです。なぜなら「2つの泥団子を足しても1つの泥団子になるじゃないか」と言っていたそうです。さすがは天才！　言うことが違いますね。

A

おにぎりは和食じゃない?

B

C

りんごで有名なのは
ニュートンですね。

初級

正解は　答え C

もう一度、問題をよく読んでください
「電気機関車」ですよ。蒸気機関車ではないので、最初からこの機関車は煙を出しません。思い込みは怖いですね！

A

そもそも風は時速 60km では
ないですよね?

B

蒸気機関車と思い込み
ましたね。

C

先輩に聞け！

大学ナビゲーター

い環境を作りたい

千葉大学

法経学部総合政策学科3年

上甲《じょうこう》　千明《ちあき》さん

法律や経済から街作りについて考える

——千葉大の法経学部を志望したきっかけを教えてください。

「国立大に進学したくて、家からも近い千葉大を選びました。幼いころから、法律や政治に興味があったので、法経学部を志望しました。」

——法経学部の総合政策学科ではどのようなことを学んでいますか。

「千葉大の法経学部には法律学科と経済学科があり、その両方の勉強をするのが総合政策学科です。私は法律や政治の面から街作りについて考える勉強をしています。自治体の制度を変えることで活性化を図ったり、その地域が発展するためにはどのような対策が必要かを考えています。」

——総合政策学科の特徴を教えてください。

「1・2年生では法律や経済の勉強も多いで

11月に行われるダンスサークルの自主公演の様子

ダンスサークルの友人と上甲さん

【千葉大のダンスサークル】

ダンスが好きで、大学の公認ダンスサークルに所属しています。春休みは、週に4日間、朝の9時から夜の21時まで新入生歓迎公演のための練習がありました。さらにそのあとも近くの公民館で練習をします。遅刻や欠席にも厳しい、体育会系のハードなサークルです。

毎年11月には自主公演を行います。千葉の公共施設を貸しきり、プロの舞台監督や照明の方にも協力をしてもらいます。毎年1000人以上も動員していて、とてもやりがいのあるイベントです。

ダンスはほかのスポーツと違って、ルールもなく、0からすべて作ることができます。だからこそ悩んだりもしますが、それがダンスの魅力です。

【得意科目は英語と国語】

英語が得意で、だれにも負けたくなかったのですごく勉強しました。

塾の授業中に先生がちょっとつぶやいた知らない単語でさえも、すべてノートにメモをとって自分で調べるよす。そのなかでも総合政策学科の講義には、グループワークがたくさんあります。組織でなにか1つのことを決めるときに、どのようにしたら大勢の人の意見がより反映された案を決めることができるかなど、意見のまとめ方や発案の方法を学びます。ただ講義を聞くだけよりも、グループワークで自分たちの頭を使って発案する内容が多いので楽しいです。法律や経済の講義で学ぶことも活かしつつ、自分の発想次第で講義が発展していくことが総合政策学科の特徴です。」

――おもしろかった講義はなんですか。

『形成合意入門』という講義で、自分で法律を考えるという課題に取り組みました。六法全書を読んで、言葉や形式も本物の法律に似せて作ります。私は少子化に注目して、子どもが1人生まれると国から援助金がもらえるという法律を考えました。ほかにも、自転車の規制についての法律や、超能力者についての法律など、ユニークな法律を考えた人もいました。3・4年生からはゼミでの活動も増えるので、自分でどんどん発案していく講義が増えます。」

――上甲さんはゼミでどのようなことをテーマにしていますか。

「まだ始めたばかりなのですが、ゼミの友人とペアを組み、日本の新しい教育制度について考えています。例えば既存の教育制度では、小学校や中学校では障害者の生徒と健常者の生徒にそれぞれの教育を行っている学校が多いですが、それをもっと両者が交流する機会を増やすような制度を考えています。そうすることで、将来同じ社会に出たときに、障害者の方に対する偏見をなくすことができるのではないかと思うからです。」

――将来はどのような仕事に就きたいですか?

「私は、みんなが過ごしやすい環境を作るような仕事がしたいです。いままでは法律や政治が世の中を変えるものだと思っていましたが、総合政策学科で学んで、法律や政治の面からだけじゃなくても、周りをよくすることができるということがわかりました。ゼミで取り組んでいる教育についてだけでなく、世の中をもっとよくしていきたいです。」

ダンスサークルのイベントで踊る上甲さん

既存の教育制度を変えてみんなが過ごしやす

うにしていました。ノートは授業用以外にも、メモ用ノートを作って、わからないことが出てきたときはすべてメモをするクセをつけていました。

国語は、小学生のころからたくさんの本を読んでいたので、漢字などを勉強するだけで、あとはいっさい勉強しなくても問題が解けました。

【先生からのアドバイスは素直に聞くことが大切】

塾の先生など、その道の先生が大事だと言うことは本当に大事なことです。忠実に聞いてそれを実践し、さらに継続していけば結果が出ます。

【受験生へのメッセージ】

1日ちょっとずつでもいいのでコツコツと勉強することが大事です。それが苦手だという人は、そうしなければいけない環境を自分で作って追い込めばできます。継続することで、自分の効率のいい勉強法をどんどん発見できます。

それと、模試の機会は大事にした方がいいです。テストは、普段自分の家で勉強しているときよりもはるかに集中力があがるので、その時点での自分の１００％の実力が試せます。その時点での実力を受け止めて、間違った部分はきちんと復習することが大切です。復習をしないと誤ったまま進むことになるので、意味がありません。

私の場合は、間違えた問題・自分の書いた解答・正しい解答をコピーして貼りつけます。それを見れば、自分がテストで間違えた箇所が一目でわかるので便利です。

あれも日本語 これも日本語

第40回

「チャラい人」ってどんな人？

テレビなんかで、「チャラい」という言葉をよく聞くようになったね。お笑いタレントなどのキャラクターとして、「あいつはチャラいやつだ」なんて使われている。

この言葉の歴史はそんなに古くなくて、昭和の末期から平成にかけて生まれたようだ。当初はちょっと流行したようだけど、そのうちにあまり使われなくなってしまった。しかし、ここ数年で再びはやり出して、いまや大学生や高校生がよく使っている。女子ではなく、男子に対して使うことが多いようだ。

語源は「チャラチャラ」で、言動がうわついていて、軽薄で落ち着きがないこと、という意味だ。「チャラ」はごまかし、でたらめ、うそつき、という意味があり、これを重ねた「チャラチャラ」は、べらべらしゃべる、という意味。「チャランポラン」というのもあって、これはまさに軽薄で、いい加減なこと、あるいはそういう人をさす。

こうした意味の「チャラ」に形容詞となる「い」をつけて、「チャラい」が誕生したわけだ。といっても、本当の形容詞のようにきちんと活用するかというとそうでもなく、「チャラい」、「チャラい人」のように終止形か連体形でおもに使われているようだね。

あまりいい意味の言葉ではないようだけど、若者の間で使われている「チャラい」は悪い意味ばかりではない。明るい、おしゃべり、つきあいがいい、といった肯定的な意味も含まれている。

「あいつチャラいよな」といった場合には、軽薄で落ち着きがないという意味以上に、おしゃべりで明るい、というニュアンスがある。また、異性関係が派手な人という意味もあるようだ。

「チャラい」から派生した言葉もあるんだ。

「チャラリーマン」は仕事がいい加減で、信用されていないサラリーマンのこと。「チャラ字」「チャラ文字」は書き殴ったような文字、という意味だ。いずれもいい意味ではないね。

そういえば、かつては「ちゃらかす」「おちゃらかす」という言葉があった。ごまかす、ばかにする、といった意味だけど、最近はあまり聞かれなくなったね。

ミステリーハンターQ（略してMQ）

米テキサス州出身。某有名エジプト学者の弟子。1980年代より気鋭の考古学者として注目されつつあるが本名はだれも知らない。日本の歴史について探る画期的な著書『歴史を堀る』の発刊準備を進めている。

春日 静

中学1年生。カバンのなかにはつねに、読みかけの歴史小説が入っている根っからの歴女。あこがれは坂本龍馬。特技は年号の暗記のための語呂合わせを作ること。好きな芸能人は福山雅治。

山本 勇

中学3年生。幼稚園のころにテレビの大河ドラマを見て、歴史にはまる。将来は大河ドラマに出たいと思っている。あこがれは織田信長。最近のマイブームは仏像鑑賞。好きな芸能人はみうらじゅん。

安政の大獄

「安政の大獄」は幕末に江戸幕府が行った弾圧政策のこと。尊王攘夷派や一橋派の大名などが弾圧され、吉田松陰もその1人だ。

勇 NHKの大河ドラマを見ていたら、「安政の大獄」で吉田松陰《しょういん》が処刑される場面があったよ。

MQ 「安政の大獄」は幕末の1858年（安政5年）から翌1859年（安政6年）にかけて江戸幕府が行った弾圧政策だね。

静 弾圧って、なぜそうなったの？

MQ 1853年にペリー艦隊が日本に来て開国を要求したね。結果的に幕府はアメリカの要求をのみ、朝廷の勅許《ちょっきょ》を得ずに日米修好通商条約に調印、開国することになったんだ。それに対して、大名、公家、各地の武士が反対運動を展開したんだけど、それを弾圧したんだね。

勇 なぜ、勅許を得なかったの？

MQ 朝廷も多くの大名も開国に反対だった。だけど、開国をしなければ戦争になるとアメリカに脅されたんだ。そこで大老の井伊《いい》直弼《なおすけ》は開国に踏みきったんだ。

静 幕府を批判した人たちはどうなったの？

MQ 当時、幕府内には13代将軍の後継者をどうするかという問題もあった。井伊直弼らは紀伊の徳川慶福《よしふく》（後の家茂）を推していたけど、水戸の徳川斉昭《なりあき》らは、実子の一橋慶喜をおしていて対立していたんだ。

勇 それも弾圧の理由になったの？

MQ その通り。幕府の開国政策に反対し、かつ一橋慶喜をおす人々に対しては、厳しい処分をしたんだ。

静 大名に対しても？

MQ そうだ。御三家にも容赦がなかった。水戸の徳川斉昭、その子の一橋慶喜、越前の松平春嶽《しゅんがく》らは隠居、謹慎となった。家臣では越前の橋本左内《さない》、長州の吉田松陰、学者の頼《らい》三《み》樹《き》三郎《さぶろう》らが斬罪となった。刑死した人は8人、梅田雲浜《うんぴん》ら獄死した人が6人。連座した人は100人以上にのぼった。

勇 それで吉田松陰も殺されちゃったんだね。

MQ 井伊直弼は幕府の権威を立て直そうと弾圧をしたけれど、攘夷派から憎まれることになり、1860年（万延元年）、桜田門外で水戸と薩摩の浪士に暗殺されてしまう。

静 幕府の権威は形なしね。

MQ その通り。桜田門外の変のあと、幕府は政策を見直し、弾圧政策は撤回される。その後、家茂が将軍となると、一橋慶喜が将軍後見職となり、松平春嶽が政事総裁となって、井伊直弼が藩主だった彦根藩は処分されてしまうんだ。いずれにせよ、安政の大獄が幕府の寿命を縮めたことは間違いないね。

教えてマナビー先生！

世界の先端技術

メタンハイドレート

日本近海に眠る「燃える氷」で資源不足を救う

プロフィール

日本の某大学院を卒業後海外で研究者として働いていたが、和食が恋しくなり帰国。しかし科学に関する本を読んでいると食事をすることすら忘れてしまうという、自他ともに認める“科学オタク”。

地球深部探査船「ちきゅう」の船尾で、海底のメタンハイドレートから分離され燃えるガス（写真提供：共同通信社）

日本はエネルギーのほとんどを輸入に頼っている資源小国だ。ところが、そんな日本の近海に大量の資源が眠っていることがわかってきた。メタンハイドレートもその１つだ。

メタンハイドレートはメタン分子と水分子が結合して氷状になったもので、「燃える氷」とも呼ばれている。メタンハイドレートができるには高い圧力と低温が必要で、500mより深い海の底や地下1000mの永久凍土のなかで見つかっている。世界各地の海底で発見されているが、研究者によると、石油にして100年分のメタンハイドレートが日本近海にもあるということだよ。メタンハイドレートから取り出したメタンは燃やしたときに二酸化炭素の排出が少ない点も特徴だ。

こんないいことずくめのメタンハイドレート、難しかった採掘技術も進歩してきた。

メタンハイドレート層からメタンを取り出すためには温度を上げたり、圧力を下げたりすれば結合状態が壊れ、分離したメタンを取り出すことができる。

日本がおもに研究している方法は圧力を下げる減圧法だ。この方法は現在の石油や天然ガスの採掘方法と同様の方法で、違いはメタンと水を分解させるため、石油などより大きな減圧が必要な点だ。ただ、石油層は地下3000mと深いところにあるけれど、メタンハイドレート層は500mぐらいのところにあるので、採掘する井戸を掘る時間が短縮できる。たくさん井戸を掘ることで生産効率を上げることも期待されている。

今年３月に行われた実験では深海探査船を使用して、減圧法でメタンを取り出し、船上で燃やすことに成功した。これは世界で初めての快挙だったんだ。

いま、できるだけ安価に安全に取り出す技術の研究が続いているけど、技術者にはまだ開発することがいっぱい残されている。割と浅いところに採掘層があることは、地層がまだあまり固くないことを意味している。このためメタンを採取するときに地層そのものが砂となっていっしょに出てきてしまい、分離が困難になるなどの問題も残っている。

君たちが大人になるころにはメタンハイドレートから取り出したメタンが家庭や工場でも使われているかもしれないね。

あたまをよくする健康

ナースであり
ママであり
いつも元気な
FUMIYOが
みなさんを
元気にします!
by FUMIYO

今月のテーマ

紫外線

ハロー！　FUMIYOです。まぶしいくらいの日差しに新緑、屋外で過ごすにはとても気持ちのいい季節です。上着を脱いで、半袖になりたくなりますね。日焼け対策は、「まだ夏じゃないから、まあいいか」と油断をしていると、気づいたときには袖《そで》のあたりが日焼けしているということに…。目には見えないけれど、私たち人間には、紫外線はあまりよくない影響を引き起こします。

太陽からは、いろんな光が出ていますが、オゾン層を通って地球に降り注いでいる光は、波長の長さによって分けることができます。その１つが紫外線です。

赤外線…760nm（ナノメートル）～の光（目には見えない）
可視光線…400～760nm（目に見える）
紫外線…～400nmの光（目には見えない）

波長が短いほど身体への影響が大きいと言われています。そのほかX線やγ《ガンマ》線などがありますが、自然のなかには多くは存在していません。

紫外線はその波長の長さにより、さらに3つに分けられます。

UV-A⇒波長は320～400nmと長く、紫外線のなかでは最も悪影響が少ないものです。ただ、波長が長いため、雨や曇りでも地表に届き、皮膚の奥にある真皮まで到達します。またガラスやカーテンなども通り抜けてしまうので、知らず知らずのうちに皮膚はダメージを受け、色素沈着やシミ・シワの原因となります。

UV-B⇒波長は280～320nmで表皮まで届きます。表皮のDNAや細胞膜を破壊し、皮膚トラブルを引き起こします。非常に強く、短い時間でダメージを与えます。日焼けや皮膚ガンの原因となります。

UV-C⇒波長は200～280nmで、UV-Bよりも強力な紫外線ですが、通常はオゾン層で吸収されるので地表には届きません。しかし今後、オゾン層破壊が進んでしまうと、影響が出てくるかも…。

こうした紫外線の皮膚へのダメージを最小限にするためには、どんな対策が必要でしょうか。

①日焼け止めクリームを塗りましょう。

日焼け止めクリームに表示されているSPFとは、UV-Bから身を守る数値のことです。SPF20～50と書かれている商品を見ることが多いですね。長時間の外出やレジャーのときは、この数値の高いものを選びましょう。

PAとは、UV-Aから身を守る数値です。PAは、＋（プラス）で表され、＋（効果あり）～＋＋＋（非常に効果あり）で表されています。数値にかかわらず、より効果を持続させるために、２時間ごとに塗り直しましょう。

②日焼け対策グッズを使いましょう。

外出時は帽子、日傘などを使いましょう。長袖の洋服の着用は、日焼け予防に効果てきめんです。

③皮膚を清潔にしましょう。

お風呂で、日焼け止めをしっかり洗い流し、肌荒れを起こさないようにしましょう。みんなも、そしてパパやママも、何十年後かにトラブルのないお肌でいられるためにも、しっかり対策していきましょう !!

Q1　１日のうちで最も紫外線の強い時間帯は、いつでしょうか。

①6時～10時　②10時～14時　③14～18時

正解は②の10時～14時です。
この時間帯で１日の50%以上の紫外線が降り注いでいると言われています。日中の外出はとくに日焼け対策が必要ですね。

Q2　紫外線の降り注ぐ量が一番多い季節はいつでしょう。

①5～7月　②6～8月　③7～9月

正解は①の５～7月です。
真夏の季節ではありません。シミやシワの原因は、この時期の対策不足もあるかもしれません。洗顔後の日焼け止めクリームの塗布を習慣にしたいですね。

Success News

ニュースを入手しろ!!

サクニュー!!

産経新聞編集委員
大野 敏明

▶PHOTO 最新設備を備えた新劇場として４月２日に再開場した歌舞伎座（東京都中央区） PANA 撮影日:2013-04-04

今月のキーワード
新しい歌舞伎座

東京都中央区銀座にある歌舞伎座の建て替えが終了し、4月2日からこけら落とし公演が始まっています。こけら落としとは、新築された劇場での興行（公演）のことです。

歌舞伎座は、わが国を代表する伝統芸能である歌舞伎を上演する専門劇場として、1889年（明治22年）に現在地に開設されました。

その後、失火や関東大震災などで大きな被害を受けましたが、1925年（大正14年）には大劇場として再建され、歌舞伎の殿堂としての地位を不動のものにしました。

しかし、1945年（昭和20年）の東京大空襲で全焼し、戦後、しばらく再建されずにいました。1950年（昭和25年）にようやく再建され、歌舞伎だけでなく、リサイタルや歌謡ショーなども行われるようになり、広く市民に親しまれてきました。

2000年（平成12年）に入ると、老朽化がめだつようになり、本格的に建て替えることが検討されました。

歌舞伎座は2002年（平成14年）に国の登録有形文化財に指定されたことから、取り壊して新しく建てることはできません。

このため、外観の安土桃山様式を維持しつつ、地下4階、地上29階建ての高層オフィスビルを併設する形で建て替えられました。この間、歌舞伎座は3年間にわたって公演ができなくなりました。今回、建て替えられた歌舞伎座は5代目となります。

1～3階までの座席数は1808と若干減りましたが、そのぶんゆとりをもった席になっています。また、4階には一見幕席が96あります。

新しい歌舞伎座は伝統と最新技術が共存した作りになっています。

地下鉄「東銀座」駅から、エスカレーターやエレベーターで移動することが可能で、バリアフリーになっています。また、舞台床には樹齢100年以上のヒノキ1200本を使用、瓦も手焼きの三州瓦《さんしゅうがわら》を使用しており、伝統を活かしています。耐震性も強化されています。

さらに、客席には日本語と英語によるイヤホンガイドも設置されています。

歌舞伎界は昨年12月に中村勘三郎さん、今年の2月には市川団十郎さんが相次いで亡くなるなど、大きな痛手を受けましたが、若い世代が伝統を受け継いで、さらなる発展をめざしているようです。

こけら落とし公演は来年3月まで行われます。みなさんも、機会があれば一度行ってみてはいかがでしょうか。

大切なのは結果だけじゃない 過程を忘れず、先を見よう

『最後のロッカールーム 監督から選手たちへ贈るラスト・メッセージ』

高校進学を考える中学生のみんなにとって、いつか必ず訪れる高校受験。自分が決めた志望校合格に向かって勉強を続けていくわけだけれど、その結果がどうなるかは最後までわからないよね。

合格という結果を手にする人がいる一方で、惜しくも手が届かなかった人も出てくるだろう。

でも、そこで大切なのは、合格した人もそうでなかった人も、それがゴールではないということだ。結果だけではなくて、それまでの過程や、それからの行動も、みんなにとって大きな意味があるんだ。

『最後のロッカールーム』は、高校サッカーの集大成である冬の全国高校サッカー選手権大会において、試合に敗れたチームのロッカールームでの最後の監督の言葉を収録している。

高校サッカーは受験とは違って最後まで勝利できるチームは1校しかない。ほかのチームはすべてどこかで負けてしまう、ある意味ではとても残酷な大会だ。

その試合後、泣きじゃくる選手たちに監督はどんな言葉をかけるのか。いろいろなシチュエーションがあって、言葉も多種多様。同じ監督でも年によって言うことはもちろん違う。

でも、多くに共通するのは、それまで選手たちがやってきたことを大事にしよう、そして、ここまでの経験をどうこれからにつなげていくかが大切だ、という内容だ。

第85回大会の準決勝で惜しくも敗れた八千代高校（学業も優秀な千葉の県立高校だ）の砂金《いさご》伸監督はこう言う。

「プロセスが大事なんだから。適当なことやってるやつにこういう思いはできないんだよ。そうだろ。（中略）いい経験したじゃねえかよ。だからこの経験をした人は、いい大人にならなきゃダメ。たくさんの子供たちに夢を与えられるような大人になれ……なってください……なってほしいです」

もちろん志望校に合格できる方がいいに決まっているけれど、それだけじゃないんだよ、ということを考えさせてくれる1冊だ。

◆『最後のロッカールーム
監督から選手たちへ贈るラスト・メッセージ』
刊行／日本テレビ放送網
価格／1300円＋税

感涙必至！ 船上の人間ドラマ

タイタニック

1997年/アメリカ/パラマウント映画・20世紀フォックス/監督：ジェームズ・キャメロン/

「タイタニック」ブルーレイスペシャル・エディション＜2枚組＞ブルーレイ発売中
￥4,990 (税込) 2 枚組
20世紀フォックス ホームエンターテイメント ジャパン

海の上のピアニスト

1998年/イタリア/メドゥーサ・フィルム/監督：ジュゼッペ・トルナトーレ/

「海の上のピアニスト」DVD発売中
1,500円（税込）
発売元：ワーナー・ホーム・ビデオ

白い船

2001年/日本/ゼリアズエンタープライズ/監督：錦織良成/

「白い船 10周年記念デジタルリマスター版」
Blu-ray発売中 3,990円（税込）
発売・販売元：松竹

豪華客船に起こった悲劇を映画化

船の映画といえば、思い浮かぶのが、1912年に沈没した豪華客船・タイタニック号で起こった悲劇の実話を描いた『タイタニック』。豪華客船で起こった知られざる悲劇の一部始終が、奇跡的に生き残ったとある老女の言葉によって明かされていきます。

老女は、タイタニック号がどれほど豪華絢爛で華やかなものだったか、船のなかではどんな人間模様が繰り広げられていたのかを語り、やがて、船上で結ばれた、身分の違う若い男女の恋の話を始めます。セリーヌ・ディオンの主題歌とともに、レオナルド・ディカプリオ演じるジャックと、ケイト・ウィンスレット演じるローズが、船首に立って風を感じるシーンは、本作を象徴する名場面としてだれもが知るところでしょう。このあとにタイタニック号に襲いかかる悲劇は、そして、2人の恋の行方はどうなるのでしょうか。

2億ドルをかけて製作されたこの映画は、2009年まで映画市場最高の興行収入を記録。1998年のアカデミー賞では、作品賞をはじめ11部門を受賞しました。

船上で生涯を終えたピアニスト

英語タイトルは『The Legend of 1900』。この「伝説（=Legend）」を指しているのは、豪華客船・ヴァージニアン号でジャズ演奏を続け、激動の生涯を終えたピアニストのこと。主人公の呼び名である「ナインティーン・ハンドレッド」と「1900年代」をかけて銘打っています。

1900年、ヴァージニアン号の黒人機関士ダニーは、船のなかで産み捨てられている赤ん坊を拾います。この赤ん坊こそが主人公のナインティーン・ハンドレッド。彼は、船の上で生まれ、そして一度も船を降りることがなかったのです。

ジャズ演奏への喝さい、ピアニストのモートンとの演奏対決、そして、はかなくほろ苦い恋の結末…。いつしか船の上こそが、ナインティーン・ハンドレッドの人生そのものになっていました。だからこそ、最期に彼が選んだ道もまた、船の上だったに違いありません。

美しく壮大な豪華客船と乗客たちの様子を描いた映像は、数々の美術賞、衣装賞を受賞。ティム・ロス演じる主人公の躍動感あふれるジャズ演奏と合わせて、芸術性の高い作品となっています。

島根の海を舞台にした感動の実話

白い雲が浮かぶ青空の下に、果てしなく広がる碧く大きな日本海。島根県にある、岸壁に建てられた小学校の教室から見下ろせる景色が、この映画の舞台になっています。

生徒数20名足らずの小学校ですが、大きな海と空の景色のなかで育った子どもたちはみな、元気で素直。ある日、海で見かけた白い船に魅了され、その正体を探るべく、「調査隊」なるものを結成します。夢中になって白い船を追いかける子どもたち。そして、そんな子どもを温かく見守る大人たち。その姿は、忘れかけていた大切なことを思い出させてくれます。最後に、子どもたちや村の人々が掴んだものは、なんだったのでしょうか。

大海原を、子どもたちを乗せた白い船と、50隻もの地元漁船が走るシーンは美しく感動的です。奇跡のクライマックスに、思わず胸が熱くなります。

実話をもとに映画化された本作は、音楽プロデューサーとして著名な角松敏生の映画音楽初挑戦としても話題となりました。また、船を発見する生徒役を個性派俳優の濱田岳が好演しています。

高校受験 ここが知りたいQ&A

Q 公立を併願に考えている場合の理社の勉強の取り組み方は？

第１志望校に私立高校を考えています。入試は英語・数学・国語の３教科ですが、一応、都立高校も併願はしたいと思います。都立高は理科・社会を含めた５教科入試なので、普段理科・社会にどのように取り組むべきか悩んでいます。

（目黒区・中3・SK）

A 学校の授業を理解することが最も有効な対策になります。

第１志望校が３教科入試の場合、併願する公立高校入試対策としての理科・社会にどう臨めばよいのか迷っている人も多いようです。

進学塾などでの日常の学習の大筋は、私立高校受験対策として３教科に集中するという方針でよいと思います。

そのうえで、理科・社会については、中学校の授業を最大限に利用することを強くおすすめします。公立高校入試問題の理科や社会の出題内容は、みなさんが学校で使用している教科書の範囲内からだけ出されるものです。難しすぎる問題や、学校で習わないことについては出題されることはありません。

ですから、普段の学校での授業を完璧に理解していれば、入試でも確実に合格点をマークすることができます。受験対応という点では、あまりに平凡で遠回りに思えるかもしれませんが、じつは、これが最も効果的な受験対策となるのです。

さらに、塾で理科・社会の講座を受講している場合には、塾のカリキュラムそのものが入試対応のものになっていますので、前学年での学習事項も含め、短時間で効果的に学習することができるはずです。塾の授業・テキストを活用して短時間でマスターするように努めることが大切です。

教えてほしい質問があれば、ぜひ編集部までお送りください。連絡先は84ページをご覧ください。

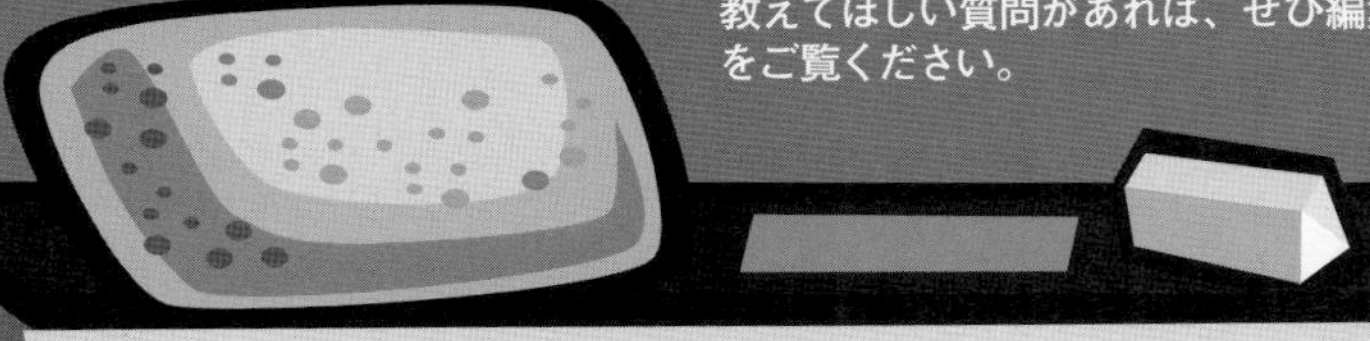

なんとなく得した気分になる話

生徒　先生

身の回りにある、知っていると
勉強の役に立つかもしれない知識をお届け!!

3次元、4次元…○次元はどんな世界？

先生！　2次元ってなに？

平面のことだよ。

じゃあ、3次元は？

空間だよ。

4次元は？

それは時間軸というのが出てくる。まあ、簡単に言えば、変化する時間のなかでの様子って感じかなあ…。

ちなみに、1次元ってあるの？

あるよ。数直線を頭に浮かべてごらん。
1次元というのは、数直線上の世界なんだよ。
　次に、2次元というのはね、X軸、Y軸だ。座標（3，5）とかいう点のこと。つまり、2次元というのは、XY平面上の座標（X、Y）で表せる世界のことだよ。

へえ～。ということは、3次元は、平面から空間ということ？

そう。ちょうど、直方体の縦、横、高さをイメージしてみよう。縦をX軸、横をY軸、高さをZ軸という感じで。
あっ、そうそう、右手を出してごらん。右手の親指と、人差し指と、中指をすべて直角になるようにする。

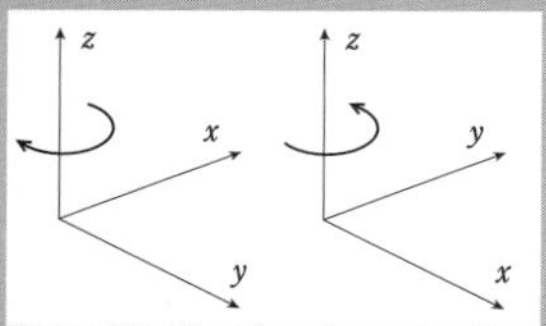

ちなみに、左の図は、左手を使った場合で右の図は、右手を使った場合だね。一般的に高校では右手を使った場合のX軸、Y軸、Z軸を使うので、右側の図だ。これを右手系座標なんて言ったりする。簡単に言えば、私たちは、この空間座標（X、Y、Z）の世界にいる感じだね。

なるほどね～。じゃあ、4次元の時間軸って？

3次元に出てきたX、Y、Z軸のほかに、もう1つ軸が互いに直角の角をなすように作るのは難しいよね。

う～ん。できないかも…。

そこで、まったく別な計量概念として時間軸を持ってくるわけ。

そうすると？

新しい世界ができる。私たちは、時間とともに動いているからね。とても現実に近くなるでしょ。

確かに！　ということは、僕らは、4次元に住んでるわけ？

まあ、そんな感じだね。

じゃあ、5次元は？

5次元？　これを説明するのは、難しいんだけど…寝ているときに夢を見るでしょ。

うん。ときどき見るよ。

その世界は、いつも生活している世界と違うよね。違う世界になったということは、4次元から5次元になったということになる。

へえ～。6次元は？

簡単さ！　夢のなかでもう一度、夢を見ること。

それじゃあ、その夢のなかで寝て見る夢は7次元ってこと？

そうそう、そんな感じ。

夢のなかでさらに夢を見て、さらにまた夢を見ることを繰り返したら、どうなるの？

それを大学の数学では"無限次元空間"と言うんだよ。

どんな世界？

わからんなあ…夢のまた夢…ちょっと見てきて！

えっ？　そんなことしたら、明日、学校遅刻しちゃうよ。

いやあ、遅刻より欠席、いや無限次元だけに、出席日数足らなくて留年決定だな。

でも、夢の世界にいけるなら、それもいいかも。夢のなかなら自由だし。宿題も勉強もないし、怒られることもない。なんていい世界だろ。

こらっ！　目を覚ませ！

まだ起きてるよ！

受験情報

Educational Column

15歳の考現学

教育再生実行本部が提言した大学の入試と卒業認定にTOEFLを適用する案を中学生はどう捉えればよいのか

私立 INSIDE

私立高校受験

2013年度東京私立高校入試結果概況

公立 CLOSE UP

公立高校受験

2013年度千葉県・埼玉県公立高校入試結果

BASIC LECTURE

高校入試の基礎知識

東京都立高校の推薦入試「集団討論」はどのように行われたか

東　京

都立自校作成問題をグループ化

都立高校の入試では、15校が英語・数学・国語について学力検査問題を自校で作成してきたが、2014年度入試から15校を3つのグループに分け、グループで共同作成することになった。

校長が作成委員長となり、各教科3名から4名の作成委員を指名する。

15校のグループ分けは以下の通り。

◇進学指導重点校（7校）日比谷、戸山、青山、西、八王子東、立川、国立

◇進学重視型単位制高校（3校）新宿、墨田川、国分寺

◇中高一貫教育校〜併設型（5校）白鷗、両国、富士、大泉、武蔵

東　京

小中高一貫校の設置を検討

東京都教育委員会は、理数を中心に、世界で活躍できる人間を育成するため、児童生徒1人ひとりの潜在能力を最大限に引き出す新たな教育モデルを構築することを基本的な考え方として、都立の小中高一貫教育校の設置に向けた検討を行うことになった。

「都立小中高一貫教育校基本構想検討委員会」の設置期間は4月から1年間で、検討委の検討内容は、育成すべき生徒像や教育理念、設置規模、教職員の体制、12年間の教育課程など。

委員は首都大学東京の上野淳副学長ら学識経験者のほか、保護者や学校長、都と区市の教育委員会代表など。

Educational Column

森上《もりがみ》 展安《のぶやす》

森上教育研究所所長。1953年、岡山県生まれ。早稲田大学卒業。進学塾経営などを経て、1987年に「森上教育研究所」を設立。「受験」をキーワードに幅広く教育問題をあつかう。近著に『教育時論』（英潮社）や『入りやすくてお得な学校』『中学受験図鑑』（ともにダイヤモンド社）などがある。

15歳の考現学

教育再生実行本部が提言した 大学の入試と卒業認定にTOEFLを適用する案を 中学生はどう捉えればよいのか

大学の入試と卒業に高度な英語能力が必要になる!?

先日、自民党の教育再生実行本部（本部長・遠藤利明衆議院議員）が英語能力測定のテスト（アメリカのETSがやっている）TOEFLを大学入試と卒業条件に義務づける提言をした、との報道がありました。

提言はICT能力とか、理数力とかにも触れてもいるようですから英語ばかりでもないのですが、いずれもなかなか意気盛んな提言です。

自民党は現政権政党で、この提言は首相に提出されたとのことですし、部会長は文科副大臣の肩書きもあって行政への影響は大きいでしょう。少なくとも私どもが聞き知ったのは新聞テレビの報道によるものですが、その限りでは一般の方の反応というのはおそらくこの国際化時代に必要な資格をとらせるのだろうな、というものではないでしょうか。

しかし、この提言が現実に中学生のみなさん、まさに15歳にとってどういう意味を持つかというと、大学入試の英語がセンター試験からTOEFLに変わることによって（もしくはそれを基準にすることによって）、まず多くの高校生の現在の学力（英語力）ではまったくお話にならないほどの高度な英語力を要求されることになります。

もし、中3から高3までの3〜4年間でそこまでの英語力をつけるとすれば、いまの英語の時間数では足りず1日3時間くらいは英語に接しないと難しいでしょう（それでもできるかどうか）。

提言では英語教師の増員なども措置して、となっているようですが、それ以前にそこまでして英語力をつけなければ大学入試に間に合わないとすると、その大学に行ける生徒は、相当限られてくるでしょう。

反対に、もしそれだけの英語力があればなにも日本の大学に行く必要はなく、むしろ英語圏の大学に行ってブラッシュアップすればいいことになりかねませんね。

もっとも海外の大学に行くには相当の費用がかかりますから、大半は日本の大学に残ることを見越しての提言なのでしょうが、では果たしてそれだけの語学力を保持できる大学というのがどれだけあるのでしょう。

相当危うい感じがあります。

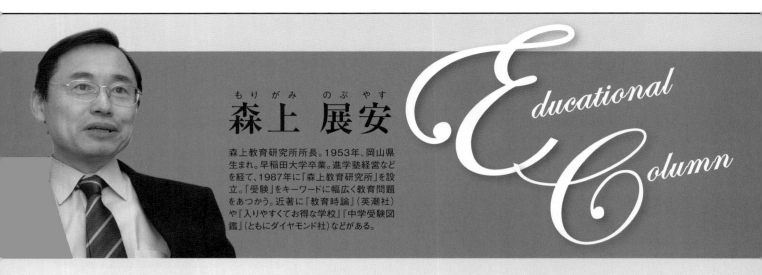

すべて英語で授業をする秋田国際教養大が短期間で上位人気校になりましたが、この大学がほかの大学といかに異質かということ、いかに多くの大学で秋田国際大のように英語圏の大学並みに英語を使用するところが少ないかを物語っています。

しかし、だからといって現状を固定して考えることはありません。提言が実を結べば、現在のような英語通用圏から疎外された「情報鎖国」のような状態から確かに脱することができます。

とはいえ、この提言は問題がありすぎますね。

もし公平を期すならば（つまり語学習得の条件の違いを前提にするならば）、多様な評価（テスト）を用いてステップを踏むべきで、そのために従来の英検やＧＴＥＣがあるわけです。多少の期間をおくにしても一律に一本の基準を運用して大学教育の機会を与えたり、奪ったりするのはいかにも乱暴な話です。これは卒業認定においても同様です。

確かに「ＴＯＥＦＬで何点」というのは英語能力のバランスのよい力をみるうえで、これ以上多くの地域で普及しているテストはありませんから、それを用いて評価を受けること自体はなんの問題もありません。しかし、大事なことはそのそのキャリアが評価される働き方とその労働者および雇用主にとって価値ある評価であるのかどうか、であって、そのことがないのに、なにを議論しても有益なことにはなりにくいのではないか、と思います。

提言には無理があるが英語能力を高める必要があるのは時代の要請

つまり、はっきり言えば大学入試に役立つなどということではなく、キャリアとして役立つ資格なのかどうかこそが重要だ、と考えます。

もちろん、ＴＯＥＦＬで高得点が取れるとすれば大学の講義が英語であっても十二分に理解可能です。ですからアメリカの著名な大学に進学するにあたってはその高評価は客観的にみて適性が高い。ＴＯＥＦＬは実際そのように機能しています。

そのようなＴＯＥＦＬで高評価を得るには中高を通じて相当有効な指導がなされる必要があり、少なくとも、いまの中高6カ年の通常週6時間の英語教育ではまず無理です。

そこでこのギャップを埋めるためにはどうしたらよいのか、といえば通常の海外に住むアメリカ人や非英語圏で米大進学者がやっているように、インターナショナルスクールで1日に数時間（7〜8時間）英語漬けになる必要があります。それは英語そのものも今日の日本の英語教育と様子が違ってクリティカルシンキング（批判的思考＝多様な観点からその妥当性や信頼性を吟味し考えを深めること）という思考法が求められます。

日本の学習指導要領にも新しくこの観点が盛り込まれたので現場も今後は変わっていくことでしょうし、インターナショナルスクールのように英語で数学や科学を教えるのであれば、英語で英語を学ぶだけよりもかなり効率的に英語およびそのクリティカルシンキングの考え方を身につけられることでしょう。

提言が求めているＴＯＥＦＬの大学入試への適用というのはこうした現状があって有効になるのであって、それはそうした公的機関ができることを求めているのと同じ意味を持っています。

同じように大学自体も、秋田国際教養大とか早稲田の国際教養学部のようにならなければ、卒業認定資格の条件にＴＯＥＦＬを設けるのははなはだしく現実味に欠けることでもあります。

したがって、この提言の方向を重んじるならモデルとしてインターナショナルスクールを数十校は創らなければならず、大学もせめて国立大と有名私大には前述の国際学部レベルを設置するか、海外大学への留学支援をするしかないでしょう。

概して、こういった提言はインパクトのあるものを出してモデル校を創るというところに狙いがあるので、今後はそういったシナリオが考えられているのかもしれません。

みなさんの問題の立て方として15歳の立場からこの提言をどう受け止めるのか、という視点が大切です。ことを英語に絞れば現在の大学入試センター試験の英語力レベルを十分に身につけることはそう難しいことではありません。

ただ、その先が求められているのだ、ということです。ＴＯＥＦＬに代表される「読む、書く、聞く、話す」のやや高度な4技能にクリティカルシンキングの考え方を身につけること、といってよいでしょうか。

個人の、まず自らそれを身につけよう、という意欲と実行力がむしろすべてを解決するように思います。

もし提言に助言できたなら、ＴＯＥＦＬに限らず英語力のスコアにサラリーが明記されたガイドラインがあれば、そのような個人の意欲を発動できる、と筆者は考えるものです。

2013年度東京私立高校入試結果概況

このコーナーは、受験生と保護者のみなさんが首都圏の私立高校やその入試の情報を知っていただくためのページです。とりわけ受験学年である中学3年生に役立つ知識、情報を紹介しています。今回はこの春の東京都内私立高校の入試結果について取りあげました。「W合格もぎ」を運営する新教育研究協会のデータおよび分析協力を得ています。

難関校女子が易化傾向 桐朋、巣鴨が志望者減

新校舎建設中の**巣鴨**は（2015年完成予定）、入試日を2月10日1回にし、定員を100人から70人に減らしたため、志望者は約30人の減となりました。

桐朋も志望者を減らしています。桐朋も校舎改築中で、新高校棟は2014年夏に完成予定です。周辺の私立高の志望者数が増えていないので、**都立国立**に流れたものと思われます。**開成**と**城北**は、ほぼ前年度並みの入試でした。

慶應義塾女子は例年どおり。**豊島岡女子学園**は推薦入試の志望者が減少傾向です（2011年度より101人→96人→73人）。実質倍率は1・55倍で、1倍台になったのは最近の5年間ではありません。一般入試はほぼ例年どおりです。**江戸川女子**は一般入試の併願基準を緩和、英語科の志望者が増加しています。普通科Ⅱ類、Ⅲ類はほぼ前年度並みです。

青山学院は女子の志望者を大幅に減らしました。推薦で30人、一般入試では177人、前年度比35％もの減少です。実質倍率は3・57倍で3倍台まで下がったのは2009年度以来です。**早稲田実業**も女子の志望者が43人、前年比11％の減、**明大明治**も57人約20％の減、**中央大学**も40人13％の減というように女子の志望者減がめだちます。

一方で一般入試日を2月10日から11日に移動した**明治学院**は、男子は前年度並みでしたが女子は138人増、約5割増しです。**国際基督教大学**も女子の志望者が63人、約3割の増。合格者も多く出したため実質倍率は若干のアップでとどまっています。

推薦定員を120人から130人に増やして出願基準を緩和（9科38→37）し、さらに選考時に内申も加えるなどの変更を行った**中央大学**

杉並は、女子の志望者が増加するのではと見られていましたが、ほぼ前年度と同じ１４７人（前年度は１４６）でした。一般入試も**中央大学附属**の定員減の影響を受けると思われましたが志望者数は前年度と同じ９０９人でした。

併設中学校1期生の高校進学により高校募集の定員が削減された**中央大学附属**は推薦入試は前年度と同じ志望者数でしたが、定員減のぶん、合格者を絞ったため実質倍率があがりました。一般入試は男子の志望者が85人15％減、女子は逆に25人約10％の増でした。推薦入試同様合格者を絞ったため、実質倍率は男女ともアップして厳しい入試になりました。

実質倍率下がった上位男子校 大学附属の多くが志望者増に

上位の男子校である、**成城**、**明大中野**、**足立学園**などの志望者数が減少しています。

成城は68人約25％、**明大中野**は前年度の倍率アップの反動からか、１４９人14％の減、**足立学園**は文理科の併願基準をアップしたことが影響したのか32人25％の減少です。

本郷も志望者数は前年度並みでしたが、実質倍率は1倍台で同校としては低めの倍率となっています。また、**日大豊山**は合格者を多く出したため（前年度１２５人→１６３人）、実質倍率は1・73倍から1・31倍にダウンしました。

その一方で大学附属校は、志望者増となったところがめだっています。

東農大一は男子の志望者が43人で前年比12％増、**専修大附属**は男子55人22％、女子50人29％の増、**國學院**は2月10日の入試で男子１３３人21％、女子63人12％の増、**國學院久我山**は女子の志望者は減少しましたが、男子は37人10％の増でした。

明治大学中野八王子は推薦入試で53人17％、一般入試では１４９人39％も増加しました。前年度に志望者が減少し実質倍率も下がったことの反動と思われます。

そのほか、**日大櫻丘**51人13％増、**日大鶴ヶ丘**の普通１１８人33％、特進は１２７人増で5割増となりました。**法政大学**33人9％増、**東京電機大学**も37人17％の増です。

なかでも注目されるのが、今春書類選考を導入した**桜美林**です。その書類選考（併願優遇B）に男子２０６人、女子３５９人が志望しました。その影響で近隣の**日大三**の志望者が減少しています。

進学校では**広尾学園**が好調です。今春推薦入試を取りやめ、医進サイエンスの定員を減らしましたが、その医進に前年度比44人増の２４０人が志望しました。合格者を絞って３回の入試を合わせた実質倍率が３・14倍と狭き門となりました。

２０１４年９月に新校舎完成予定の**青稜**は併願優遇とオープン入試合わせて４３６人、約６割増となりました。公立入試が変更された神奈川からの受験生が流れ込んだようです。

錦城は推薦定員を減らして一般定員をその分増やしました。普通コースは推薦、一般ともに志望者は減少しましたが、特進コースは増加しています。

拓殖大一は一般Ⅱ（２月12日）の志望者が61人７％減少、しかも合格者を増やしたため実質倍率は１・12倍になり、前々年度の水準に戻りました。

錦城学園と正則学園が明暗 文京学院大女子は上昇

錦城学園の志望者が増えました。とくに女子の併願優遇で志望者増です。**都立広尾**などとの併願者が増加した結果と思われます。

逆に隣の**正則学園**は併願志望者が約半減し、錦城学園に流れてしまった形です。

伸びてきていた**東洋**がひと息ついています。総進の定員を減らし特選と特進の定員を増やしましたが一般入試では特選が１４５人25％減、特進は２８２人約５割と大幅に減少しました。

朋優学院も内申基準をアップしたため志望者減です。**立正大付属立正**は推薦・一般入試を合わせた定員を80人から１２０人に増やしました。一般入試の60人に対し２０８人が志望しました。前年度から倍増です。ただ、合格者も多く出したため実質倍率は１・65倍から１・09倍へダウンしました。

大森学園は志望者が大幅に増加しました。普通科は１７２人増で前年度より６割増、工業系も約３割増です。**東京実業**はビジネスと電気科ゲーム－ＩＴコースの志望者が増加しました。とくにＩＴは倍増しました。新しいコースですが知名度が出てきました。

東京も志望者増です。**保善**は推薦入試の志望者は減少したものの一般入試は82人21％の増となりました。今春内申基準を緩和したことに好感が持たれたようです。

目白研心は推薦、一般入試ともに志望者増です。一般入試は85人52％と大幅増。やはり内申基準を緩和して利用しやすくなったためです。**関東国際**は英語ＳＥコースの内申基準を緩和しましたが、外国語科だけでなく普通科2月10日入試の志望者も増加しました。

多摩大目黒は推薦入試で26人35％、一般入試51人６％の志望者減です。内申基準の加算措置を廃止したのが影響したかもしれません。**目黒学院**は特進と総合の内申基準をアップしたため志望者が減少しました。共学の特進は微減です。

国士舘も推薦基準をアップしたため志望者は前年度の１６６人から99人へと大幅減、基準を据え置いた一般入試は26人10％の増です。

駒澤大学は一般入試の併願優遇に神奈川県の受験生がＢ推薦から移動してきたため前年度の67人から３０９人へと大幅に増加しましたが、前年度のＢ推薦の分を加えると、志望者数は４％の微減です。**駒場学園**は進学コースの併願志望者が前年度の２８１人から８５１人へと３倍になりました。

東京都市大等々力がレベルアップしています。特進コースの募集をやめ、特選コースのみの募集で、内申基準もアップしています。その結果、学校全体の志望者数は減少しましたが、前年度の特選コースの志望者数は前年を超えています。**大東学園**は推薦基準をアップしたため志望者は46人21％と減少しましたが、一般入試は86人14％の増です。

文化学園大杉並は総合コースの基準を緩和したため志望者増となりました。**宝仙学園理数インター**も好調です。前年度に引き続き志望者増で高校募集も周知されてきたようです。

昭和第一は前年度に進学コースの併願志望者が大幅に増加したことの反動か、志望者は97人17％減少しましたが、前々年度よりは２割ほど多い人数を集めています。

駒込はスーパーアドバンスの５科の基準に３科の選択肢を追加し、アドバンスＡの基準を緩和しました。その結果、併願優遇の志望者が全体で１０９人30％の増となっています。

文京学院大女子は一般入試で特進を除く各コースで志望者増となっています。スーパーサイエンスハイスクールの指定を受けたことも理数コースを中心とした志望者増に結びついているのでしょう。**村田女子**は、普通科アドバンストコースの基準を緩和、同コースだけでなく他コースも志望者が増加しています。**豊島学院**は一般入試で全コース志望者増となりました。

共学化待つ安田学園大幅増
昭和第一学園の好調続く

豊南はコース別募集から普通科一括募集に変更しました。その影響があったのか、各コースで志望者が減少しました。**武蔵野**は内申基準を緩和したため一般入試の志望者は55人８％の増です。**大東文化大一**も進学コースの基準を緩和したため志望者は70人45％も増えています。

淑徳はスーパー特進の2月14日の志望者が75人33％増えました。**岩倉**はコースを改編し、国公立や早慶上智をめざすＳ特コースを推薦12人、一般13人で募集。推薦入試には５人、一般入試には７人の志願がありました。総合進学コースは59人46％と大幅に増加しました。２０１４年度からの共学化への期待も志望者増に結びついたのかもしれません。

安田学園はＳ特コースの志望者が前年度の30人から１０８人へと大幅に増。Ｓ特の推薦入試をやめ、一般入試の日程を2月11日と14日の２回にしたことが功を奏したのかもしれません。こちらも２０１４年度、男女共学になる予定です。**共栄学園**は2月11日の特進コース・チャレンジ入試に多くの志望者が集まりました。昨春、過去最高の進学実績をあげたことが志望者増を生んだのかもしれません。

八王子学園八王子は推薦Ｂの志望者が減って、一般入試が増加しました。神奈川県の受験生が移動したためでしょう。

八王子実践は文理コースの基準をアップ、一般入試は微減（５％減）でしたが、特進・普通コースともに志望者は増、とくに普通コースは３４９人31％も増加しました。**鶴川**も併願者が増えて一般入試の志望者が増加しています。

昭和第一学園の一般入試志望者が大幅に増えました。総合進学は５５４人38％の増、特進は定員増もありましたが前年度の２２１人から５６３人と１・５倍の志望者が集まりました。

大成は文理進学コースの基準をアップしたため１３３人14％の減となりましたが、学力は除々にレベルアップしています。

ご提案型の教育旅行会社って？

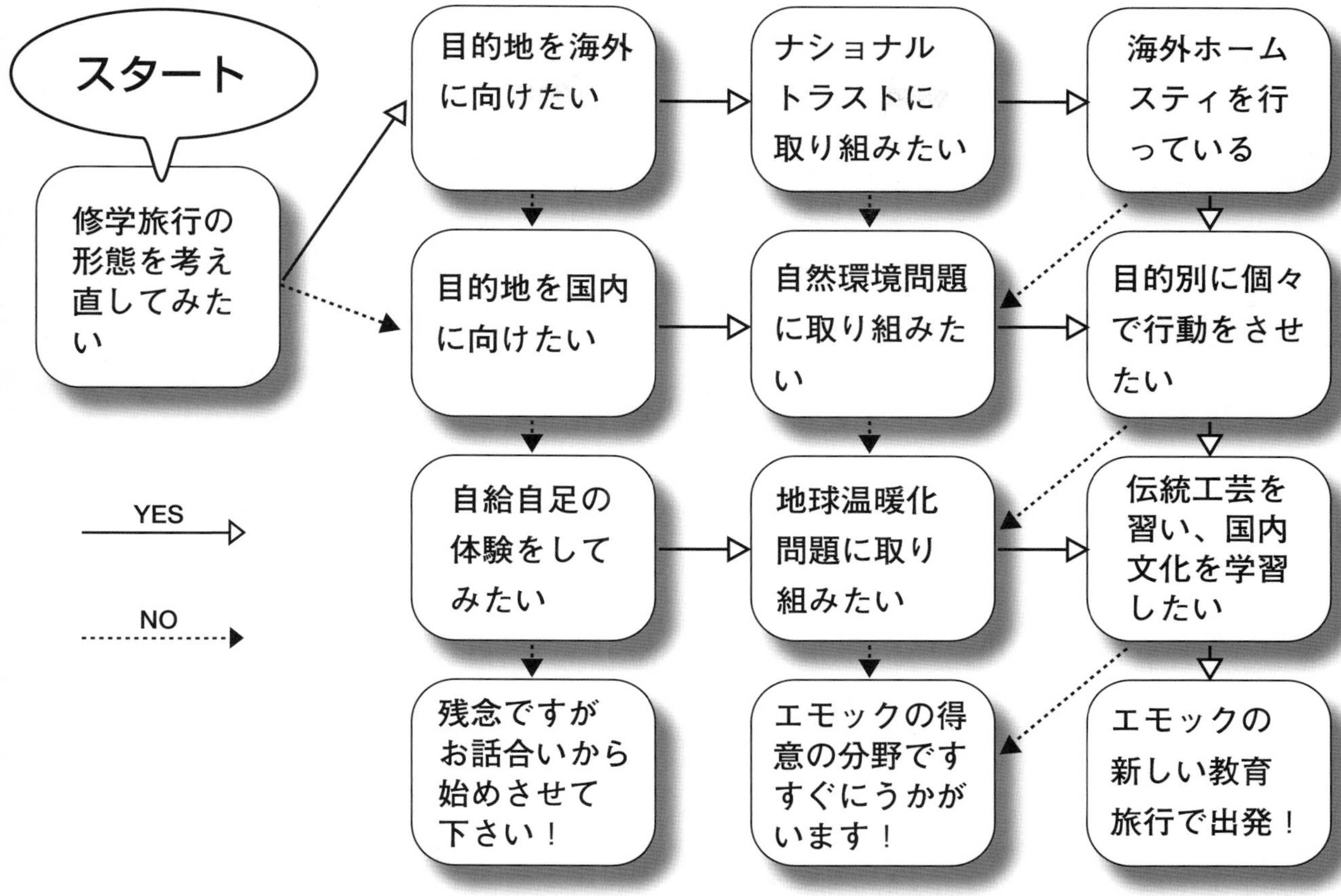

従来の名所旧跡を訪ねる修学旅行から、最近ではさまざまなテーマを生徒個々または小グループごとにコンセプトメークしひとつの社会貢献の一環として、位置づける学習旅行へと形態移行しつつあります。

小社では国内及び海外の各種特殊業界視察旅行を長年の経験と実績で培い、これらのノウハウを学校教育の現場で取り入れていただき、保護者、先生、生徒と一体化した旅行づくりを行っております。

一例

- 海、山、川の動物、小動物の生態系研究
- 春の田植えと秋の収穫体験、自給自足のキャンプ
- 生ごみ処理、生活廃水、産業廃棄物、地球温暖化などの環境問題研究
- ナショナルトラスト（環境保全施設、自然環境、道の駅、ウォーキング）
- 語学研修（ホームスティ、ドミトリー、チューター付研修）など

[取扱旅行代理店]　**（株）エモック・エンタープライズ**

担当：山本／半田

国土交通大臣登録旅行業第1144号
日本旅行業協会正会員（JATA）
東京都港区西新橋1-19-3　第２双葉ビル２階
☎ 03-3507-9777（代）
E-mail:amok-enterprise@amok.co.jp
URL:http://www.amok.co.jp/

2013年千葉県・埼玉県 公立高校入試結果

安田教育研究所　代表　安田　理

新制度導入後3回目の入試となった千葉県では、前・後期とも平均実倍率が上昇しました。また、選抜機会の一本化の実施後、2年目となった埼玉県でも実倍率をあげています。両県とも新しい入試制度が定着してくるにつれて、入試に対する予測がしやすくなったこともあり、受検生の公立志向が高まっているようです。

千葉県公立高校 前期選抜結果

平均実倍率1・86倍 2年連続で0・02ポイント増

3万3680人の定員のうち、前期では63・5%にあたる2万1390人を募集。応募者数は3万9502人、3万9313人が受検し、2万1151人が合格しました。

平均実倍率は1・86倍。前年より0・02ポイント上昇しました。現行制度が導入された2年前、2011年度の平均実倍率は1・82倍でしたから、2年連続で0・02ポイントずつあがっています。

中3卒業予定者は5万1241人、前年より538人少なく、1・0%減少しました。公立前期の応募者数、受検者数ともわずかに減っていますが、卒業予定者に対して占める割合は2年連続で上昇しています。

前年には新制度導入直後の不安感が解消され、公立人気が上昇しました。2013年はその反動もなく、公立志向の強さがうかがえます。現行制度が定着しつつあり、どのような入試になるか予測しやすくなったことが後押ししているのでしょう。

また、日程が前年より2日早まったことで、入試日が重なった一部の都内私立と併願できなくなったことも影響しています。

実倍率トップは 県立船橋の3・90倍

今年度、最も倍率が高かったのは**県立船橋**の3・90倍でした。これまでも理数科ではトップでしたが、普通科では現行制度下で初めてです。大学合格実績の好調さが多くの受検生に支持されたのでしょう。前年度に4倍を超えたために敬遠されたのかもしれませんが、同校の理数科も2番目に高い倍率の3・54倍で相変わらずの人気でした。

県立千葉も前年度に4倍近かった倍率の高さが一部で敬遠されたのでしょう。受検者数、実倍率とも前年を下回っています。それでも**県立船橋**(理数)の次に高い3・28倍でした。

県立千葉、**県立船橋**と並び、千葉公立御三家と称される**東葛飾**は前年より0・04ポイントアップの2・57倍でしたが、順位を2つ下げ13位。上位10校には2年連続でランク入りしていません。2年前の3・32倍ほど上昇しなかったのは、**県立船橋**人気に押された結果と思われます。

千葉東は県内で唯一、応用レベルの独自問題を実施していますが、今年度は実施教科を英数国3科から英数の2科に減らしました。追い風になるかと思われましたが、前年の2・75倍から2・54倍に緩和、順位も7位から14位に下げています。募集数を増やしながら倍率が上昇した前年の反動と、募集数を維持したことが難関上位校としてはやや低い倍率になったようです。

順位に変動があっても、**県立千葉**、**県立船橋**、**東葛飾**、**千葉東**、**八千代**、**市立千葉**、**小金**、**薬園台**など上位校を中心に高倍率校の顔ぶれはあまり変わっていません。今後もこの傾向は続くことが予想されます。

また、上位10校のうち、**佐倉**と**県立柏**(理数)以外はすべて1学区と2学区が占めました。県内の9学区のうち、人口の多い学区に高倍率校が集中しているのも例年と同じです。

受検者数上位10校すべてが500人以上集めています。前年は6校、その前の年は4校ですから、年々増加しています。実倍率では緩和傾向が見られる**千葉東**や**東葛飾**の受検者数の多さがめだちます。人口の増加に対し臨時で増やした募集数を維持していることが人数を減らしていない大きな要因の1つです。

上位10校のうち、7校が3年連続でランク入りしていますが、一昨年の7位から3位に順位をあげていた**県立千葉**だけが100人近く受検生を減らし、ランク外にダウンしました。実倍率でもトップの**県立船橋**が100人以上増やし、2位に順位をあげています。受検生数で見ると、同じ公立御三家の**県立千葉**と**東葛飾**からも移動してきた印象です。

募集数が多く、すべての学区から受検できる**幕張総合**が今年も1000人を超える最多受検者数をキープしています。

また、例年、欠席者が多い**県立千葉**ですが、今年は5人で前年の24人を大きく下回りました。ここでも**県立船橋**が6人欠席でわずかながら**県立千葉**を上回っています。ただ、全体的に欠席が少ないのは、入試日程が重なった都内私立難関校との併願ができなかった影響でしょう。

千葉県公立高校 後期選抜結果

平均実倍率1・41倍 0・06ポイント上昇

現行制度が導入された2011年度の後期の平均実倍率1・31倍から2012年度は1・35倍、今年度は1・41倍でした。受検者数は2011年以降、1万6313人→1万7452人→1万7767人と増え続けています。今年度は中学卒業予定者数が減少したぶん、後期の合格者数も前年の1万2881人から1万2629人に減らしているため、実倍率は上昇しました。

前期の合格者数の増加によって後期は合格枠が狭まり、敬遠傾向が見られましたが、3年目にして少しチャレンジ志向が出てきているようで

2012年度前期実倍率 上位10校(千葉県)

1位	県立船橋(理数)	4.08倍
2位	県立千葉	3.96倍
3位	八千代	3.32倍
4位	県立船橋	3.27倍
5位	市立千葉(理数)	3.08倍
6位	小金	2.96倍
7位	千葉東	2.75倍
8位	薬園台	2.72倍
9位	市立千葉	2.61倍
10位	柏の葉	2.59倍

2013年度前期実倍率 上位10校(千葉県)

1位	県立船橋	3.90倍
2位	県立船橋(理数)	3.54倍
3位	県立千葉	3.28倍
4位	市立千葉(理数)	3.17倍
5位	薬園台	3.12倍
6位	八千代	3.10倍
7位	佐倉	2.74倍
8位	小金	2.72倍
	県立柏(理数)	2.72倍
10位	松戸国際	2.67倍

( )内に表記がない場合は普通科

2012年度前期受検者数 最多10校(千葉県)

1位	幕張総合	1071人
2位	千葉東	593人
3位	県立千葉	570人
4位	小金	568人
5位	県立船橋	549人
6位	東葛飾	546人
7位	柏南	488人
8位	鎌ヶ谷	486人
9位	八千代	478人
10位	津田沼	466人

2013年度前期受検者数 最多10校(千葉県)

1位	幕張総合	1063人
2位	県立船橋	652人
3位	東葛飾	556人
4位	千葉東	548人
5位	柏南	545人
6位	津田沼	533人
7位	佐倉	526人
8位	薬園台	524人
9位	小金	522人
10位	柏中央	511人

す。前期と日程の重なる都内難関私立を希望して、前期に出願しなかった上位生の一部が後期を受検するケースも見られました。

県立柏（理数）3・00倍 県立船橋が前期に続き高倍率

後期では募集数が限られるため、専門学科の一部で高い倍率になる傾向が定着してきました。

理数科人気は相変わらず高いのですが、前期では8位だった**県立柏**の理数科が3・00倍でトップ。2位にも理数科の**市立千葉**が続いています。現行制度で実倍率が3倍を超えたのは3年目で初めてのケースです。前期では理数科のなかで最も倍率が高かった**県立船橋**は7位でしたが、前年度後期や今年度前期の高倍率が敬遠されたのでしょう。

専門学科では後期の募集数が限られるため、数人の増減で倍率が変動しやすいのですが、理数科志望の受検生が限られた選択肢のなかで少しでも合格しやすそうな高校を求めて移動しているようです。

県立柏（理数）は2年連続の倍率の上昇ですが、ここまで厳しくなると次年度は若干実倍率が緩和する可能性があります。

2013年度後期実倍率 上位10校（千葉県）

1位	県立柏（理数）	3.00倍
2位	市立千葉（理数）	2.75倍
3位	館山総合（海洋）	2.67倍
4位	県立船橋	2.65倍
5位	幕張総合（看護）	2.63倍
6位	市立習志野（商業）	2.56倍
7位	県立船橋（理数）	2.50倍
	佐倉東（調理国際）	2.50倍
9位	成田国際（国際）	2.46倍
10位	薬園台	2.36倍

2012年度後期実倍率 上位10校（千葉県）

1位	八千代（体育）	2.89倍
2位	県立船橋（理数）	2.81倍
3位	県立千葉	2.64倍
4位	市立稲毛（国際教養）	2.60倍
5位	佐倉東（調理国際）	2.50倍
6位	県立柏（理数）	2.38倍
7位	県立船橋	2.33倍
8位	成田国際（国際）	2.27倍
9位	幕張総合（看護）	2.13倍
	大網（農業経済）	2.13倍

2013年度後期受検者数 上位10校（千葉県）

1位	幕張総合	505人
2位	県立船橋	315人
3位	佐倉	309人
4位	東葛飾	297人
5位	柏南	285人
6位	木更津	281人
7位	薬園台	279人
8位	柏中央	270人
9位	津田沼	268人
10位	千葉東	263人

2012年度後期受検者数 上位10校（千葉県）

1位	幕張総合	543人
2位	県立千葉	298人
3位	東葛飾	289人
4位	千葉東	280人
5位	県立船橋	266人
6位	小金	263人
7位	津田沼	257人
8位	柏南	252人
9位	国府台	238人
	鎌ヶ谷	238人

埼玉県公立高校

入試一本化2年目で 平均実倍率は 1・15倍から1・17倍に

埼玉では2012年度から前・後期2回の入試機会を一本化しました。初年度は敬遠傾向が見られましたが、2年目の2013年度は公立受検者数が増加、平均実倍率も1・15倍から1・17倍に上昇しました。

中学卒業予定者数は約450人減少して、6万5927人でした。公立全日制高校募集数は320人減の4万160人の募集。それに対し、995人増の4万7057人が受検しました。前年に続き、定員割れをした高校もあったため、4万143人が合格しました。

学科別に見ると、普通科全体では前年の1・15倍から1・19倍に上昇しました。一方、専門学科全体では1・14倍から1・11倍に下がっています。専門学科のなかでも人気の高い理数科（1・86倍→1・96倍）、外国語科（1・24倍→1・45倍）は倍率をあげています。

一本化された初年度は、警戒してか受検者が分散していました。しかし、前・後期に分散していた募集数が1つになり、実倍率が緩和したことから、公立志向が上昇。

「受かりそうな高校」から「行きたい高校」を選ぶ傾向が強くなったのでしょう。

実倍率トップは 大宮（理数）3・07倍

実倍率が最も高かったのは今年度も**大宮**（理数）の3・07倍。3倍台はもちろん2倍台の高校もほかになく、2位を大きく離す高倍率でした。専門学科では募集数が1クラス分に限られているため、数人の増減でも倍率が上下しやすいものの、人気の高さは際立っています。

ベスト10に並んだ上位12校のうち、8校が専門学科ですが、そのうち理数科が4校、外国語科が2校も占めています。前年より1校ずつ増えていて、技術系より進学色の強い学科が人気を集めている傾向が伺えます。

普通科のトップは**蕨**でした。前年1クラス臨時で増えた募集数を元に戻した同校ですが、受検者数は前年の499人から542人に増加したため、実倍率も1・36倍から1・66

倍に上昇しています。

　普通科の高倍率トップを維持していた**市立浦和**ですが、前年の1・72倍から1・63倍に緩和し、普通科では2位になりました。全体的に緩和傾向が見られるなかでの倍率の高さが敬遠されたのか、受検者数が433人から402人に減少しています。それでも平均実倍率の1・17倍と比べれば高い倍率に変わりはありません。安定した人気は続いています。今年は東大合格者を出したため、再び人気が上昇すればトップに返り咲くかもしれません。

　受検者数上位10校を比べてみると、前年減らしたところが半数を占めましたが、やや回復しています。一本化初年度の前年度は受検者が分散し、すべての国私立高校の入試が終了したあとの実施となった影響から、受検者の減少がめだっていました。2年目の2013年度はその反動もあって、多くの高校が受検者を増やしています。

　募集規模の大きい**伊奈学園総合**がトップを維持しています。総合選択制高校で募集数720人は普通科高校ほぼ2校分と変わりません。903人から951人に受検者を増やしましたが、制度変更前の4ケタまでは戻っていません。

　上位10校のうち、1クラス募集を増やした**県立浦和**、**所沢北**、**浦和第一女子**の3校がランク入りしています。

　一方、前年の1クラス増から募集数を元に戻して1クラス減となった**蕨**、**県立川越**、**川越女子**も上位10校に名を連ねました。

　上位校人気は募集数を減らしても強かった、ということでしょう。**県立川越**、**川越女子**がさほど受検者数を減らしていないことから、来春入試では募集数の減少が予想される**浦和**と**浦和第一女子**でもあまり人数を減らさないかもしれません。

2011年度前期実倍率 上位10校（埼玉県）

1位	大宮（理数）	3.68倍
2位	越谷北（理数）	2.37倍
3位	市立浦和	2.35倍
4位	蕨	2.28倍
5位	熊谷西（理数）	2.20倍
6位	川口北	2.18倍
7位	所沢北	2.15倍
8位	大宮	2.13倍
9位	所沢	2.10倍
	新座総合（情報技術）	2.10倍

2012年度実倍率 上位10校（埼玉県）

1位	大宮（理数）	2.64倍
2位	松山（理数）	2.15倍
3位	市立浦和	1.72倍
4位	蕨（外国語）	1.60倍
5位	越谷北（理数）	1.51倍
	常盤（看護）	1.51倍
7位	越ヶ谷	1.48倍
8位	市立浦和南	1.44倍
	川越工業(デザイン)	1.44倍
	浦和商業(情報処理)	1.44倍

2013年度実倍率 上位10校（埼玉県）

1位	大宮（理数）	3.07倍
2位	新座総合技術(食物調理)	1.88倍
3位	蕨（外国語）	1.83倍
4位	和光国際(外国語)	1.72倍
5位	蕨	1.66倍
	熊谷西（理数）	1.66倍
7位	市立浦和	1.63倍
8位	川越女子	1.58倍
9位	越谷北（理数）	1.56倍
10位	浦和南ほか2校	1.54倍

2011年度前期受検者数 上位10校（埼玉県）

1位	伊奈学園総合	1049人
2位	所沢北	584人
3位	浦和第一女子	569人
4位	蕨	553人
5位	県立浦和	548人
6位	川口北	527人
7位	大宮	523人
8位	県立川越	522人
9位	川越女子	520人
10位	浦和西	515人

2012年度受検者数 上位10校（埼玉県）

1位	伊奈学園総合	903人
2位	川越女子	571人
3位	県立川越	562人
4位	大宮	525人
5位	浦和西	513人
6位	浦和第一女子	506人
7位	蕨	499人
8位	与野	488人
9位	越ヶ谷	484人
10位	所沢	479人

2013年度受検者数 上位10校（埼玉県）

1位	伊奈学園総合	951人
2位	県立浦和	607人
3位	所沢北	586人
4位	川越女子	582人
5位	大宮	562人
6位	川越南	558人
7位	県立川越	557人
8位	蕨	542人
9位	浦和西	540人
10位	浦和第一女子	512人

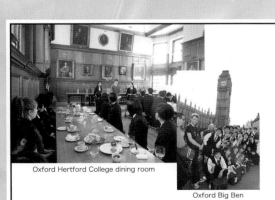

東京都立高校
推薦入試の「集団討論」はどのように行われたか

このコーナーは、高校入試を迎える受験生・保護者の方が、入試の仕組みや学校選びのための基礎知識を理解するのをお手伝いするページです。今月号では、この春から改訂された東京都立高校の推薦入試、とくに初めて行われた「集団討論」について、受検生から聞き取った情報をもとにしてお伝えします。

東京都立高校の推薦入試は、この春の2013年度入試から変貌をとげました。首都圏は他県のように学力検査一本へと走ることはしませんでしたが、定員の推薦枠を縮小し（ほとんどが20%）、選抜での調査書点（内申点）を50%に引き下げたうえ、残りの50%を、原則として全校で「小論文または作文」と「集団討論＋個人面接」をともに実施することで、入学者を選抜することとしました。

従来の推薦入試では、ほぼ調査書点のまま、その上位から合格となっていたため、調査書点の評価を引き下げることで、「受ける前から合否がわかっている状況」を改善しようとしたものといえます。これにより「入試をする意味があるのか」「選抜の体をなしていない」などの批判に応えうるとの考えからでした。

集団討論のテーマは

とくに、初めて導入された「集団討論」は、どのように行われたのかに注目が集まりましたが、集団討論のテーマを入試後ホームページなどで公表した学校はわずかです。

後述する各校のテーマは、受検生からの聞き取りで得た情報です。細部についての一言一句までは、実際の設問とは異なる場合がありますのでご了承ください。

そのテーマですが、学校生活を進めていくうえでの問題や、人間関係についてのテーマを設定したところが多かったようです。

例えば人間関係では、**日比谷**のテーマが「リーダーシップを発揮するうえで大切なもの」、これに似ているのが「リーダーシップについて考えてください。集団においてリーダーシップをとるうえで、大切なこと、忘れてはいけないことはなんだと考えますか。あなたの体験をあげて、あなたの意見を述べてください」（**東大和南**）ですが、並べてみると**日比谷**の方が抽象的です。ただ、**東大和南**ほど親切な設問テーマだと、グル

ープ全員の意見が長くなり時間が不足してくるのでは、と心配になります。

「充実した高校生活を送るために必要なことは?」(**戸山**)、「昭和高校で実り多い生活を送るためにどのようなことが必要か」(**昭和**)、とズバリ高校生活の過ごし方を聞いた学校もあります。学校生活では、ほかに「携帯型音楽プレーヤーやマンガの校内持ち込みの是非」(**竹早**)、「係を決めようとしたが、特定の係だけが決まらない場合どうするか」(**本所**)、「学校でのゴミを減らすにはどんな工夫が必要か」(**国立**)などのテーマが設けられました。

また、学校行事に関連したテーマも見受けられました。「合唱コンクールをよりよくするには」(**小平**)などです。**三田**では「合唱コンクールの放課後練習に来ない人がいてクラスのムードが悪くなった。改善策は?」と具体的となり、特定の状況を想定した設問となっています。

特定の状況設定といえば、**小山台**のテーマが話題となりました。「漂着した無人島に1つだけ持っていくとしたら?」というものでした。**両国**では「留学生が来る。東京観光を行うことになった際の行き先と、案内するときに気をつけること」と具体的ですが、東京ディズニーランド以外でどんな観光地を受検生たちはあげられるでしょうか。東京ディズニーランドは東京ではなく千葉ですから悩んだ受検生もいるでしょう。

社会的な問題をテーマに取り上げた学校もあります。「地球温暖化を抑制するには」(**青山**)、「内閣府の『国民の意識調査』のグラフを見て感じたこと、考えたこと」(**西**)、「選挙権を18歳に引きあげるべきか否か」(**新宿**)などで、これらは従来の小論文のテーマにも似ています。

どのように行われたか

集団討論は、普通教室に生徒用のイスが半円形や円形に並べられ、5〜6人の受検生グループに2〜3人の教員がつくといった形式で行われ、各教室で同時進行、終了後、次のグループとは触れ合わないように入れ替わるという方式でした。

ほとんどの学校で、はじめに口頭でテーマが示され、その後2〜3分、各自で考える時間が与えられたあと討論に入り、全部で30分という流れだったといいます。5人のグループの場合、これを25分とした学校もあります。テーマは口頭ではなく紙片で手渡された学校もあるようです。また、口頭でのテーマ伝達のため、メモ用紙が配付された学校もあります。そのような学校は机も用意されていたとのことです。

進行は教員ですが、司会は教員が行った学校と受検生同士で決めた学校があります。

上位校では、**日比谷**、**国立**が司会を置かずに教員がリード、**西**は司会を決めて進める方式でした。

受検生の姿勢としては積極的な発言がめだち、塾等での準備が進められていたことを伺わせるものでした。

「逆転合格」は起きたか

冒頭で述べたように、今回の推薦入試改編は、「調査書点だけで合否が決まる入試」から、「調査書点を逆転して合格することもできる」というチャンスを与える入試への脱皮が狙いでした。

はたして「逆転合格」は起きたのでしょうか。

それが検証できるよう、都教委は3月中に調査書以外の得点分布を、各校ホームページ上に公表するよう促し、現在、公表されています。それを見ると、「集団討論+個人面接」「小論文または作文」の得点は、かなり広く分布しています。

その得点分布だけでは、何人の受検生が逆転合格となったのかは、詳らかではありませんが、調査書がオール5であったとしても、その評価が50%に止まるために、残りの50%である「集団討論+個人面接」「小論文または作文」で高評価を受ければ逆転は可能で、調査書で30点リードしていても安心はできない入試だったと言えます。

実際に中学校の校長先生から、上位の都立高校に「41の生徒が受かって45の生徒が不合格。なぜ?」といった電話が入ったという話をいくつかの学校で聞きました。ちなみに45とは9教科それぞれ5、つまりオール5ということです。

今回の改編の狙いを理解していれば、「なぜ…」という中学の校長先生の電話には無理がありますが、これまでの選抜方式に慣れ親しんでいるからこそ電話をしてしまう、オール5の生徒を思う中学校の校長先生の心情もわからないではありません。

4月号の答えと解説

問題

「心」ある漢字パズル

愛国心、向上心などのように、○○心という三文字熟語を集めてみました。それぞれのヒントを参考に、リストの漢字を○に当てはめて16個の○○心を完成させてください。最後に、リストに残った3つの漢字に「心」を加えた4文字でできる四字熟語を答えてください。

一	乙	己	女	安	栄
学	関	名	奇	功	暗
利	争	向	好	幸	自
虚	射	出	疑	老	常
鬼	尊	恥	都	副	平
無	競	来	羞	婆	

① ○○心　（興味ありませ〜ん）
② ○○心　（珍しいことには興味津々）
③ ○○心　（一攫千金を願う）
④ ○○心　（なんとしても手柄を立てて名をあげたい）
⑤ ○○心　（恥ずかしい〜）
⑥ ○○心　（ひとまずホッ）
⑦ ○○心　（少女は純情で感じやすいのです）
⑧ ○○心　（わざと他人と比べて、これを煽《あお》ることも）
⑨ ○○心　（ついふらふらといけないことを…）
⑩ ○○心　（学生はこれが大切でしょう）
⑪ ○○心　（つい見栄を張ってしまう）
⑫ ○○心　（自分という存在に誇りを持つ。プライド）
⑬ ○○心　（自分の利益だけを考え、他人の迷惑をかえりみない）
⑭ ○○心　（東京における新宿・池袋・渋谷・台場など）
⑮ ○○心　（落ち着いて、落ち着いて…）
⑯ ○○心　（お節介かもしれませんが…）

解答　**疑心暗鬼**

解説

①〜⑯の熟語は下の通りです。そして、リストには「暗」「疑」「鬼」の3つが残ることになります。

① 無関心	② 好奇心	③ 射幸心	④ 功名心
⑤ 羞恥《しゅうち》心	⑥ 一安心	⑦ 乙女心	⑧ 競争心
⑨ 出来心	⑩ 向学心	⑪ 虚栄心	⑫ 自尊心
⑬ 利己心	⑭ 副都心	⑮ 平常心	⑯ 老婆心

「疑心暗鬼」とは、「疑心暗鬼を生ず」の略で、疑いの心があると、なんでもないことでも怖いと思ったり、疑わしく感じたりすることを言います。「疑心」は疑う心、「暗鬼」は暗闇のなかの亡霊を意味します。また、似た意味の熟語に「杯中蛇影《はいちゅうのだえい》」があります。

中学生のための学習パズル

今月号の問題

星形魔方陣に挑戦

右図のような星形の魔方陣があります。12カ所の○に1～12の数字を１つずつ入れ、同一線上にある４つの数字の合計をすべて等しくなるようにします。

この魔方陣を完成させたとき、「？」のついた◎に入る数字はいくつでしょうか。

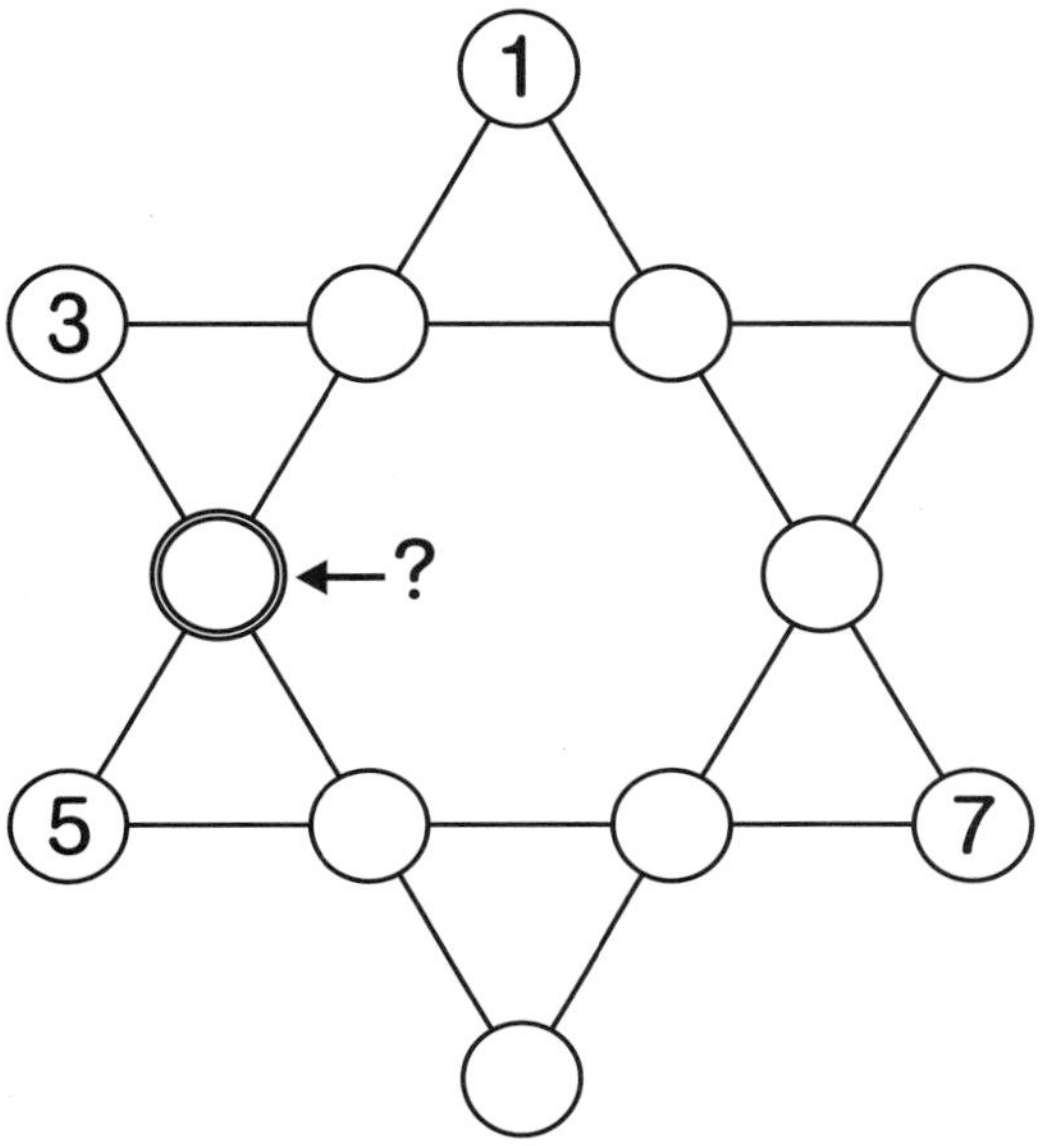

〔ヒント〕

まず、同一線上にある４つの数字の合計はいくつになるかを考えなくてはいけません。

４つの数字を含む辺は６本あり、そのすべてを合計すると、どの数字も２回ずつ加えられることになるので…。

4月号学習パズル当選者

（全正解者24名）

★青山　真子さん（東京都江戸川区・中３）
★加賀美弘司くん（千葉県千葉市・中２）
★見城　貴大くん（神奈川県横浜市・中１）

応募方法

●必須記入事項

01　クイズの答え
02　住所
03　氏名（フリガナ）
04　学年
05　年齢
06　右のアンケート解答

◎すべての項目にお答えのうえ、ご応募ください。
◎ハガキ・ＦＡＸ・e-mailのいずれかでご応募ください。
◎正解者のなかから抽選で３名のかたに図書カードをプレゼントいたします。
◎当選者の発表は本誌2013年8月号誌上の予定です。

●下記のアンケートにお答えください。

A今月号でおもしろかった記事とその理由
B今後、特集してほしい企画
C今後、取りあげてほしい高校など
Dその他、本誌をお読みになっての感想

◆2013年6月15日（当日消印有効）

◆あて先

〒101-0047　東京都千代田区内神田2-4-2
グローバル教育出版　サクセス編集室
FAX：03-5939-6014
e-mail:success15@g-ap.com

挑戦!!

成《せい》城《じょう》高等学校

東京都新宿区原町3-87
都営大江戸線「牛込柳町」徒歩1分
TEL　03-3341-6141
URL　http://www.seijogakko.ed.jp/

新校舎竣工（創立130周年記念事業）

1月に新普通教室棟が竣工しました。2014年度には新特別教室棟が竣工し、グラウンド（人工芝）やテニスコートが整備されます。

問題

右の図のように，AB＝BC＝ 1 cm，∠ABC＝90°の直角二等辺三角形ABCにおいて，点Dは辺AC上にあり，BC＝CDとなる点である。また，点E，Fは辺AB上にあり，∠ADE＝90°，∠BDF＝90°となる点である。

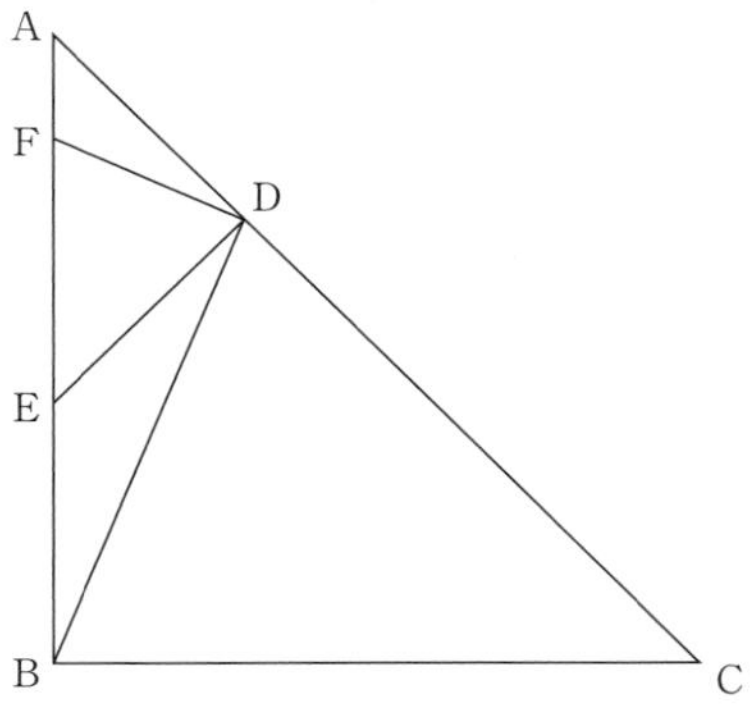

(1) ∠DBEの大きさは［　タ　］°である。

(2) 線分BEの長さは［　チ　］cmである。

(3) 線分AFの長さは［　ツ　］cmである。

(4) △AFDの面積は［　テ　］cm^2である。

解答　(1) タ：22.5　(2) チ：$\sqrt{2}-1$　(3) ツ：$3-2\sqrt{2}$　(4) テ：$\frac{10-7\sqrt{2}}{4}$

日《に》本《ほん》大《だい》学《がく》第《だい》三《さん》高等学校

東京都町田市図師町11-2375
JR横浜線「淵野辺」、京王線・小田急線・多摩都市モノレール「多摩センター」バス
TEL　042-789-5535
URL　http://www.nichidai3.ed.jp/

問題

1秒間に5回転の速さで転がる半径a cmの円Aと，1秒間に2回転の速さで転がる半径b cmの円Bがある。図のように，直線XY上を点Xから点Yまで2つの円を同時に転がしたところ，円A，Bのかかった時間はそれぞれ10秒，15秒であった。円A，Bはすべることなく転がるものとして次の問いに答えなさい。ただし，円周率をπとする。

(1) 円Aが1秒間に進む距離をaを用いて表しなさい。

(2) a ： bを最も簡単な整数の比で表しなさい。

(3) 円Aと円Bの1秒間に進む距離の差が16π cmのとき，aの値を求めなさい。

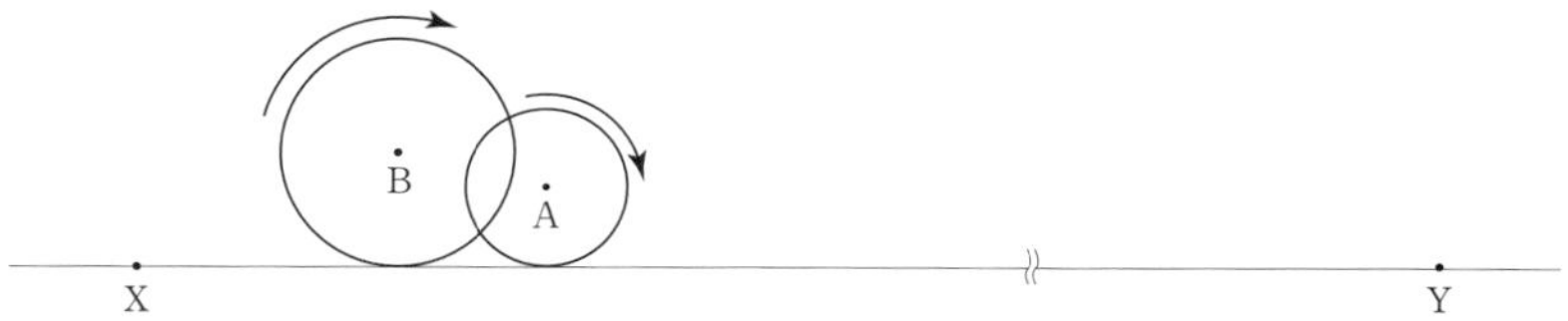

解答　(1) $10\pi a$ cm　(2) $a : b = 3 : 5$　(3) $a = \frac{24}{5}$

私立高校の入試問題に

国府台《こうのだい》女子《じょし》学院《がくいん》高等部

問題

座標平面上の$y>0$の部分に，図１のように$OA=r$，$\angle AOX=a^\circ$となるような点Aをとり，これをA［r，a］と表します。つまり，図２のように（1，1）と［$\sqrt{2}$、45］は座標平面上の同じ点を示しており，これを（1，1）＝［$\sqrt{2}$，45］と表記します。このとき，次の問いに答えなさい。

（1）（p，2）＝［q，30］のとき，p，qの値を求めなさい。

（2）２点（0，1），（−2，0）を通る直線が点［r，135］を通るとき，rの値を求めなさい。

図１

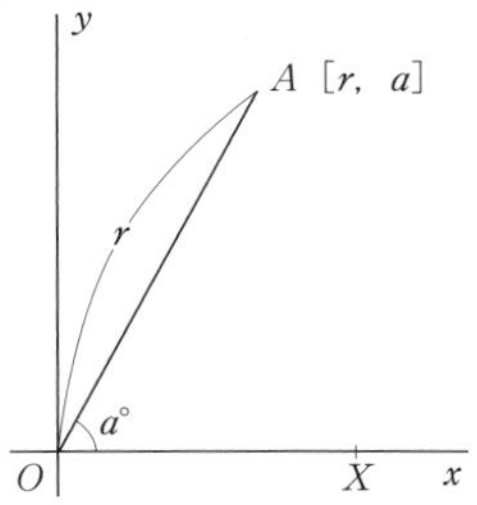

図２

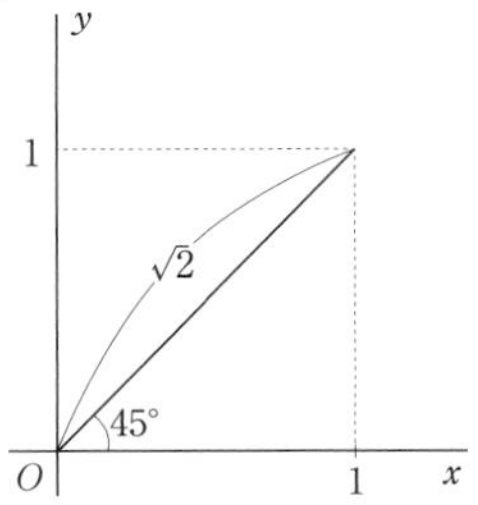

解答　（1）$p=2\sqrt{3}$　$q=4$　（2）$r=\frac{2\sqrt{2}}{3}$

千葉県市川市菅野3-24-1
京成線「市川真間」徒歩5分、JR総武線「市川」徒歩12分
TEL　047-326-8100
URL　http://www.konodai-gs.ac.jp/

学校説明会

11月２日（土）、11月16日（土）

桜《さくら》丘《がおか》高等学校

問題

直線ℓが、関数$y=ax^2$のグラフおよびx軸と右の図のように３点A、B、Cで交わり、点Aの座標は（−4、8）、点Cのx座標は正である。

（1）aの値を求めなさい。

（2）△OAB：△OBC＝3:1となる点Bの座標を求めなさい。

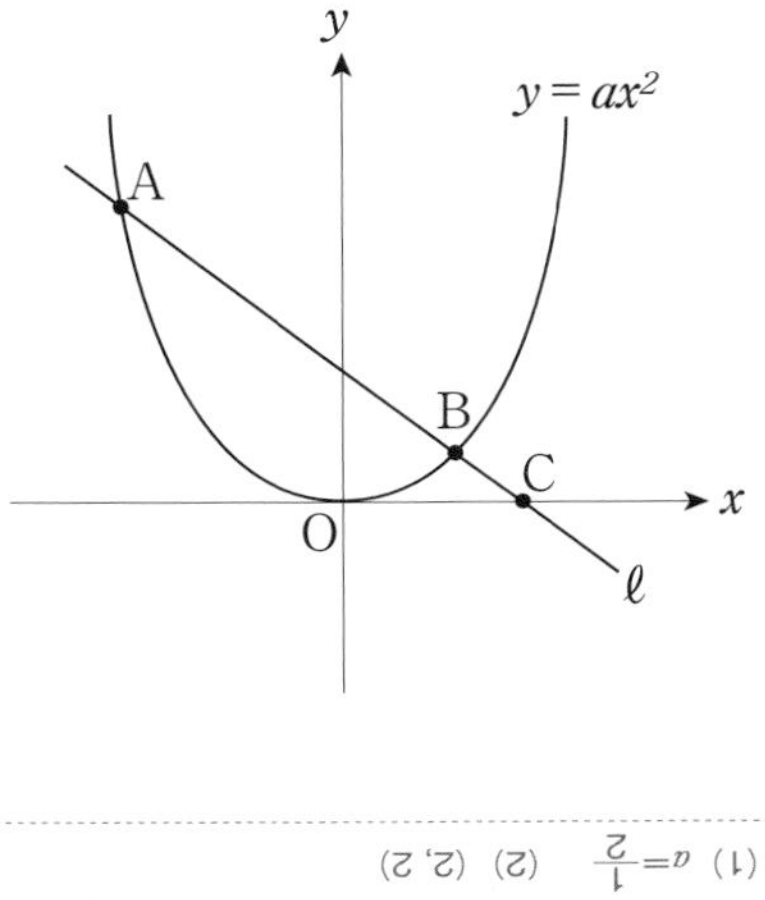

解答　（1）$a=\frac{1}{2}$　（2）（2，2）

東京都北区滝野川1-51-12
都電荒川線「滝野川一丁目」徒歩1分、JR京浜東北線「王子」徒歩7分、地下鉄南北線「王子」・都営三田線「西巣鴨」徒歩8分
TEL　03-3910-6161
URL　http://www.sakuragaoka.ac.jp/

サクセスランキング

Success Ranking

海外旅行者数ランキング

今回は海外旅行者数ランキングだ。海外旅行は、現代人に共通する楽しみのひとつ。日本にいても、駅や街中で外国人旅行者をよく見かけるし、みんなのなかにも、「今年のGWに家族で海外旅行に行った」なんて人もいるんじゃないかな。では、1年間に海外旅行に出かける日本人と、日本を訪れる外国人旅行者数では、どちらが多いのかな？　ランキングを見て比較してみよう。

海外旅行者数（出国者数）

順位	国	人数（単位：千人）
1	**ドイツ**	**72,300**
2	アメリカ	61,419
3	イギリス	58,614
4	中国	47,656
5	ロシア	34,276
6	イタリア	29,060
7	カナダ	26,204
8	フランス	21,281
9	オランダ	18,408
10	**日本**	**15,446**
11	ウクライナ	15,334
12	メキシコ	13,942
13	スペイン	12,844
14	ルーマニア	11,723
15	スウェーデン	11,699
16	スイス	11,147
17	ベルギー	11,123
18	インド	11,067
19	トルコ	10,493
20	オーストリア	10,121

海外旅行者受入数（入国者数）

順位	国	人数（単位：千人）
1	**フランス**	**76,800**
2	アメリカ	59,745
3	中国	55,665
4	スペイン	52,677
5	イタリア	43,626
6	イギリス	28,133
7	トルコ	27,000
8	ドイツ	26,874
9	マレーシア	24,577
10	メキシコ	22,395
11	オーストリア	22,004
12	ウクライナ	21,203
13	ロシア	20,271
14	香港	20,085
15	カナダ	16,095
16	タイ	15,842
17	ギリシャ	15,007
18	エジプト	14,051
19	ポーランド	12,470
30	**日本**	**8,611**

データ：国土交通省 平成24年度版「観光白書」

お便りコーナー

サクセス広場

今年のGWの予定は?

ＧＷは、**三重県**に引っ越しをした友だちの家に遊びに行きます。三重では友だちオススメの伊勢うどんを食べる予定！
（中２・ニックさん）

部活地獄です…。
（中２・麦わらさん）

家族で**ディズニーランド**へ行きます。今年は30周年だそうで、とても楽しみです！
（中１・美っ樹一さん）

料理が得意な友だちとピザを作る予定です。生地から作って、たくさん焼いて、ほかの友だちも呼んで**ピザパーティー**します。
（中２・たろちゃんさん）

今年は受験の年なので、頑張って**勉強**します。夏前に弱点克服が目標です！
（中３・ミサトさん）

ぼくの家では、毎年子どもの日には家族で**手巻き寿司を食べます。**なんか地味なイベントだけど、これがなかなか楽しいんです（笑）。
（中２・寿司太郎さん）

ヨーロッパ旅行を少々って言いたいよね。実際は家族と**箱根に小旅行**らしいです…。
（中２・夢は大きく！さん）

先生に言いたいこと

もっと**おしゃれ**になってください。毎日同じような服なのでなんかちょっと…。
（中２・てるてるぼうずさん）

先生の社会の授業はとてもおもしろいんですけど、合間に無理やり入れてくる**ダジャレ**は全然おもしろくないですよ。わかってますか？
（中２・ギャグマシーン３号さん）

先生！　次の**定期テストの答え**を教えてください！
（中１：マリオ専用ザクさん）

午前中にどうしてもお腹が空くので、**給食の時間を3時間目のあと**にしてください！
（中２・ノリノリ君さん）

K先生の**ジャージ姿**が好きです。
（中２・本心は内緒さん）

私の学校の国語の先生は、授業で物語を読むとき、教えながら**感極まって泣く**んです。ちょっとおもしろいけど、先生１人で盛りあがってどうするんですか（笑）。
（中３・お米ライスさん）

イヌとネコどっちが好き?

イヌです。イヌの方がいろんな種類があるので、見ていて楽しいです。いつか飼ってみたいけど、どの犬種にするかでめちゃくちゃ悩みそうです。
（中２・チワワンコさん）

私は、**ネコ**派です。ネコのキョロッとした目がたまらないです!!
（中２・白雪姫さん）

毎日、一緒に散歩に行けるから**イヌ**の方が好きです。ペットというより友だちのように思えます。散歩の時間は、勉強の気分転換にもなって癒されます。
（中３・わんだふるさん）

ネコが好きです。人間にこびないツンとした性格を持つ反面、まぬけなところもあるネコが愛らしくて好きです。
（中１・ちーずまんさん）

イヌです。番犬になりますから。ネコは番猫にはならないでしょう。
（中２・闘犬ハチ公さん）

募集中のテーマ

「好きな色とその理由は?」
「体育祭の思い出」
「もし宇宙旅行に行けたら…」

応募〆切 2013年6月15日

必須記入事項

A／テーマ、その理由　B／住所　C／氏名
D／学年　E／ご意見、ご感想など

ハガキ、FAX、メールを下記までどしどしお寄せください!
住所・氏名は正しく書いてください!!
ペンネームは氏名のうしろに(　)で書いてネ!
【例】サク山太郎(サクちゃん)

あて先

〒101-0047　東京都千代田区内神田2-4-2
グローバル教育出版　サクセス編集室
FAX:03-5939-6014　e-mail:success15@g-ap.com

ここにメールしてね!!

success15

ケータイから上のQRコードを読み取り、メールすることもできます。

掲載されたかたには
抽選で図書カードをお届けします!

掲載にあたり一部文章を整理することもございます。個人情報については、図書カードのお届けにのみ使用し、その他の目的では使用いたしません。

早稲田アカデミー

現役生難関大受験専門塾サクセスエイティーン

SUCCESS18

上智大522名合格！
理科大769名合格！

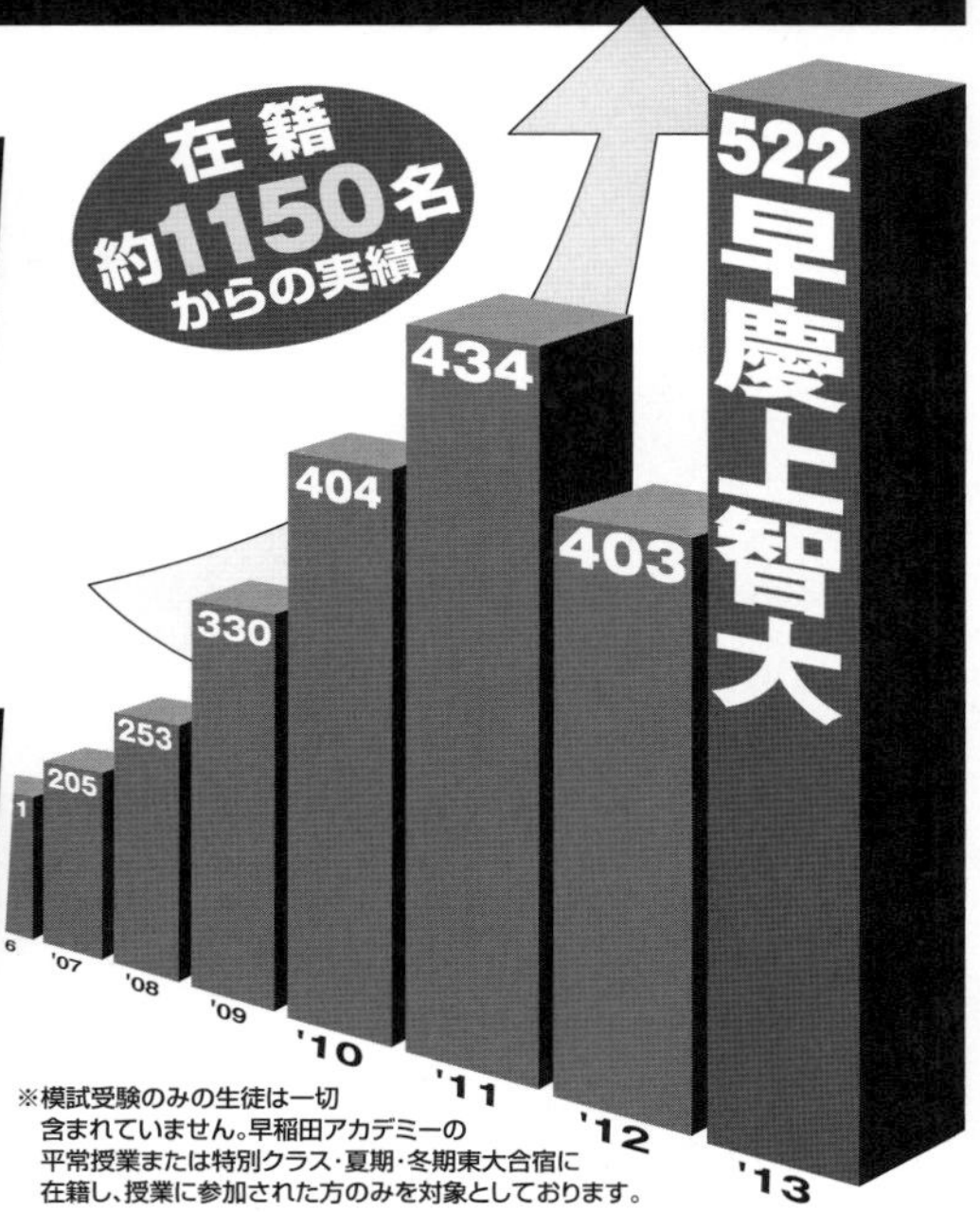

※模試受験のみの生徒は一切含まれていません。早稲田アカデミーの平常授業または特別クラス・夏期・冬期東大合宿に在籍し、授業に参加された方のみを対象としております。

京都大・東工大 一橋大・東京外大	難関国立大	早稲田	慶應義塾	上智
36名合格	60名合格	234名合格	123名合格	165名合格

明治	青山	立教
161名合格	84名合格	136名合格

中央	学習院	法政	東京理科
115名合格	45名合格	110名合格	118名合格

早稲田アカデミーなら憧れの東大、早慶上智大、人気のGMARCH理科大に、大きく伸びて現役合格できる

東大・早慶上智大・GMARCH理科大等、難関大学に今年もたくさんの生徒が合格しました。塾生一人ひとりの努力と早稲田アカデミーの一人ひとりを大切にする「塾」としての指導方法が、第一志望校の合格へと結実しました。早稲田アカデミーは、成績を伸ばし、夢の第一志望校現役合格へと導きます。

1人でもない、大人数に埋もれない、映像でもない「少人数ライブ授業」

生徒と講師が互いにコミュニケーションを取りながら進んでいく、対話型・参加型の少人数でのライブ授業を早稲田アカデミーは大切にしています。講師が一方的に講義を進めるのではなく、講師から質問を投げかけ、皆さんからの応えを受けて、さらに理解を深め、思考力を高めていきます。この生徒と講師が一体となって作り上げる高い学習効果は大教室で行われる授業や映像授業では得られないものです。

同じ目標を持つ友人との競争と熱意あふれる講師たち。無限大の伸びを作る環境がある

早稲田アカデミーは、志望校にあわせた学力別クラス編成。同じ目標を持つ友人と競い合い、励ましあいながら、ひとつのチームとして第一志望校合格への道を進んでいきます。少人数ならではでいつでも講師に質問ができ、講師は生徒一人ひとりに直接アドバイスをします。学習空間がもたらす二つの刺激が、大きな学力の伸びをもたらします。

授業で終わらない。皆さんの家庭学習の指導も行い、第一志望校現役合格へ導きます

学力を高めるのは授業だけではありません。授業と同じくらい大切なのが、日々の家庭学習や各教科の学習法。効率的に授業の復習ができる家庭学習教材、必ず次回授業で実施される課題のフィードバック。面談で行われる個別の学習方法アドバイス。一人ひとりに最適なプランを提案します。

偏差値40～50台から憧れの早慶上智大へ現役合格できる

サクセス18の早慶上智大合格者の内、実に半数以上が高1の時の偏差値が40～50台だったのです。こうした生徒達は皆サクセス18で大きく学力を伸ばし、第一志望大学現役合格の夢を実現させたのです。次は皆さんの番です。サクセス18スタッフが皆さんの夢の実現をお手伝いします。

高1からの在籍で偏差値65以上の **早慶上智大** 合格者の56%は高校1年生のときには偏差値40～50台だった。

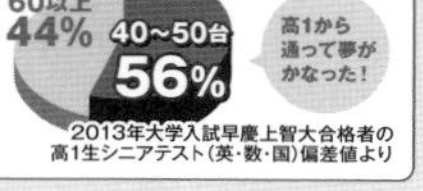

2013年大学入試早慶上智大合格者の高1生シニアテスト（英・数・国）偏差値より

高3対象
日曜特訓

志望校別対策コース

東大必勝コース　**国立大必勝コース**　**早慶大必勝コース**　**難関大必勝コース**

5月スタート！

エキスパート講師陣　少人数・学力別クラス　志望校別オリジナル教材　徹底した添削システム

[会場] ▶ 東大必勝 御茶ノ水校　国立大必勝 渋谷校
早慶大必勝 池袋校・渋谷校・国分寺校　難関大必勝 池袋校・渋谷校・国分寺校

[料金] ▶ 入塾金：10,500円（基本コース生は不要）
受講料：30,000円／ターム

医学[redacted]ト!

6月生募集
日曜集中特訓

最難関医学部を目指す
ライバルだけが集う
「競い合う空間」

医学部必勝講座

最難関医学部必勝講座（選抜クラス）
千葉大、筑波大、医科歯科大
などを中心に受験を考えている皆さんのためのクラスです。

難関医学部必勝講座（オープンクラス）
私立大医学部
を中心に受験を考えている皆さんのためのクラスです。

医系受験指導40年以上の伝統と実績を誇る野田クルゼのエキスパート講師が、最速・最短の方法で現役合格に導くプロジェクト。それが「医学部必勝講座」です。講義⇒演習⇒試験というサイクルにより、あいまいな理解から生じる些細なミスを無くし、入試において高得点を狙える学力を定着させます。同時に、難易度の高い入試問題を扱いながら、現役生に不足している実践的な問題演習を行います。この講座で最難関医学部現役合格の夢をかなえましょう！

説明会・選抜試験
5/25(土) **無料**

対　象▶高1～高3　選抜試験▶14:15～16:00(英語・数学)
説明会▶13:00～14:00　場　所▶野田クルゼ現役校

高3対象：最難関医学部必勝講座／難関医学部必勝講座　タイムテーブル（例）　1ヶ月に3回／英語・数学・理科(化学・生物・物理)・国語・チェックテスト

	9:00～12:00	13:00～16:00	15:10～17:10
1回目	数　学	英　語	試験（英数180分）
2回目	化　学	化学演習	国　語
3回目	生物／物理	生物演習／物理演習	試験（理科30分×2）

高2・高1生対象：最難関医学部必勝講座　タイムテーブル（例）　1ヶ月に1回／英語・数学・チェックテスト

	10:00～12:00	13:00～15:00	15:10～16:10	16:20～17:20
1回目	英　語	数　学	英語チェックテスト	数学チェックテスト

野田クルゼ主催 メディカル・アカデミー 6/16(日) 参加無料

エキスパート講師が今年度入試を斬る!
医学部受験最前線

40年以上の伝統と実績を誇る医学部受験専門予備校の野田クルゼのエキスパートスタッフが今年度の私大医学部入試を徹底分析。国公立医学部の最新トレンドなども皆様にご紹介します。医学部受験に特化した貴重な情報満載です。

- **医学部入試の難易度とは**
  偏差値で見る／倍率で見る／他学部との比較／気になる今年度入試の倍率は…
- **入試の仕組みを考える**
  医学部定員増の影響／推薦と一般／国公立と私立受験校決定の時期／受験費用と進学後の授業料は…
- **最新入試問題分析**
  医学部と他学部の問題の違い／今年のトレンドそして来年度に向けての対策…

大学の入試担当者による
医学部・歯学部講演会

私立医学部・歯学部の入試担当者が、入学後の学生生活の様子、今年度の入試状況や次年度の最新入試情報等をわかりやすく、講演を行います。講演大学は、決定次第発表致します。

医学部受験のプロに悩みを直接相談!!
医学部受験相談会

医学部受験に関する経験豊富な野田クルゼの教務スタッフと各教科エキスパート講師陣が、医学部受験についての悩みにお答えします。これからの学習の方法や志望校対策など、何でも相談して下さい。皆様のご来場をお待ちしております。

開催日程：6月16日（日）
場所：東京グリーンパレス
〒102-0084
東京都千代田区二番町二番地
Tel.03-5210-4600(代)
FAX.03-5210-4644

■交通アクセス
東京メトロ有楽町線「麹町駅」6番出口……………………徒歩1分
東京メトロ半蔵門線「半蔵門駅」5番出口…………………徒歩5分
JRまたは東京メトロ南北線「四ッ谷駅」……………………徒歩7分
JRまたは都営新宿線、東京メトロ南北線「市ヶ谷駅」…徒歩7分

個別指導なら
全学年対象
医学部受験指導のスペシャリストによる

医学部専門個別指導 Medical 1 メディカル・ワン

忙しい高校生活の隙間や部活動の合間を使って本格的な医学部対策ができる。

野田クルゼMedical1では、野田クルゼの合格指導ノウハウを1対1の個別指導に活かし、抜群の学力向上を実現します。苦手科目や不得意を短期間に克服し、逆転できる。合格までのあと10点を確実に伸ばす。あなただけのフルオーダーカリキュラムで、医学部受験のエキスパート講師から受けられるのが、野田クルゼ Medical1の魅力です。

- **Point 1**　あなただけのフルオーダーカリキュラム
- **Point 2**　エキスパート講師が1対1で指導
- **Point 3**　医学部チューターシステムで授業以外も完全フォロー
- **Point 4**　のべ2000名を超える医学部合格者を誇る実績

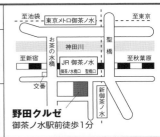

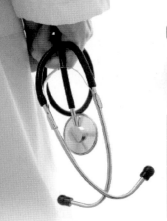

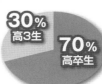

イベント

横浜ドラゴンボートレース

5月25日(土)・26日(日)
6月1日(土)・2日(日)
山下公園前面海上

息のあったパドルさばきと ドラゴンボートの迫力

中国で生まれたとされるドラゴンボートを使って速さを競い合う、ドラゴンボートレース。ニュースポーツとして全世界で広がりを見せ、この横浜ドラゴンボートレースでも年々参加チームが増えている。山下公園の前面海上でのレースは、マリンタワーや氷川丸など歴史ある横浜の景観をバックに繰り広げられる。激しい水しぶきをあげて進むドラゴンボートの迫力あるレースを見てみよう。

イベント

まんパク

5月18日(土)～6月3日(月)
国営昭和記念公園
みどりの文化ゾーン

立川で開催される 17日間の「食祭空間」

「満腹博覧会」、略して「まんパク」は、読んで字のごとく、とびっきりのグルメが大集合する巨大フェスだ。昨年は９日間で約19万1000人もの人が訪れた。第３回となる今年は、開催期間を17日間へ延ばして行われる。ロックフェスで行列をなす名物店や、物産展で話題の人気店などが、「ご当地・ワールド・カレー・ラーメン・餃子・からあげ・スイーツ」と７つのエリアに分けて構成されている。

アート

梅佳代展 UMEKAYO

4月13日(土)～6月23日(日)
東京オペラシティ
アートギャラリー

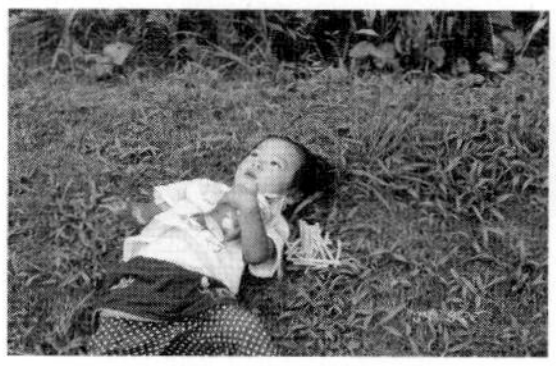

〈うめめ〉より ©KAYO UME 2004年

なにげない風景を切り取った ユニークな写真の数々

なにげない日常のなかに潜んでいるさまざまな光景を独自の視点で切り取って見せる梅佳代の写真は、ありそうでありえない光景や、笑いと驚き、そしてほんの少しの怖さがある瞬間まで、ユニークで目を惹きつけるものが多い。そんな彼女の美術館初の個展となる今回の展覧会では、代表的なシリーズを網羅するとともに、数々の未発表作を含めた約570点を展示し、その世界を表現している。

サクセス イベント スケジュール

5月～6月

世間で注目のイベントを紹介

カーネーション

カーネーションは十字架にかけられたキリストに、聖母マリアが流した涙のあとに咲いた花だと言われている。色によって花言葉は違い、赤は「真実の愛」、白は「尊敬」、ピンクは「感謝」を表している。みんなは何色をお母さんに送ったろうか。

お祭り

2013 TOKYO純氷まつり

6月9日(日)
上野恩賜公園
竹の台広場

48時間かけて精製される 透明な氷の魅力

上野恩賜公園で開かれれる「TOKYO純氷まつり」は、高品質な「純氷」をPRすることを目的としてスタートし、今年で７回目を数える。純氷とは、48時間かけて凍らせた硬く溶けにくい透明な氷のこと。その純氷に直に触れ、製氷機や家庭の冷蔵庫で作った氷との違いや魅力が体験できる。おいしいかき氷はもちろん、美しい氷の彫刻や雪広場など、大人も子どもも楽しめるイベントとなっている。

お祭り

東京みなと祭り

5月25日(土)～26日(日)
晴海客船ターミナルほか

東京港開港を記念した みなとの祭典

昭和16年に東京港が国際貿易港として開港したことを記念して行われる「東京みなと祭」。晴海乗客ターミナルとその周辺にて開かれ、昨年は約9万人の来場者数を記録した。フルーツなど東京湾に荷揚げされる国内外からの産物が安価で販売されるポートバザール、東京消防庁による「水の消防ページェント」、「冷凍コンテナ体験」など、盛りだくさんのイベントとなっている。

お祭り

第16回 渋谷・鹿児島おはら祭

5月18日(土)～19日(日)
渋谷道玄坂・文化村通りほか

渋谷で行われる 鹿児島の「おはら祭」

1949年（昭和24年）に鹿児島市制施行60周年を記念して始まった鹿児島の「おはら祭」が、渋谷で開催されて今年で16回目となる。道玄坂・文化村通りを舞台に、おはら節に合わせて踊るおはら踊りのパレードには60連、約2000人が参加する。パレード以外にも、ハチ公前広場では、渋谷・鹿児島の観光案内が行われるほか、東急百貨店本店正面口前など、各所でさつまの食品展が催される。

SUCCESS15 Back Number

New

2013
5月号

難関校に合格した
先輩たちの金言
英語で読書

SCHOOL EXPRESS
山手学院

Focus on
東京都立戸山

2013
4月号

早大生、慶大生に聞いた
早稲田大学・慶應義塾大学
学校クイズ

SCHOOL EXPRESS
東邦大学付属東邦

Focus on
千葉市立千葉

2013
3月号

みんなの視野が広がる！
海外修学旅行特集
部屋を片づけ、頭もスッキリ

SCHOOL EXPRESS
早稲田実業学校

Focus on
東京都立日比谷

2013
2月号

これで安心
受験直前マニュアル
知っておきたい2013こんな年！

SCHOOL EXPRESS
城北埼玉

Focus on
神奈川県立横浜緑ヶ丘

2013
1月号

冬休みにやろう！
過去問活用術
お守りに関する深イイ話

SCHOOL EXPRESS
中央大学

Focus on
埼玉県立越谷北

2012
12月号

大学キャンパスツアー特集
憧れの大学を見に行こう！
高校生になったら留学しよう

SCHOOL EXPRESS
筑波大学附属駒場

Focus on
東京都立青山

2012
11月号

効果的に憶えるための
9つのアドバイス
特色ある学校行事

SCHOOL EXPRESS
成城

Focus on
神奈川県立柏陽

2012
10月号

専門学科で深く学ぼう
数学オリンピックに挑戦!!

SCHOOL EXPRESS
日本大学第二

Focus on
東京都立両国

2012
9月号

まだ間に合うぞ!!
本気の2学期!!
都県別運動部強豪校!!

SCHOOL EXPRESS
巣鴨

Focus on
千葉県立佐倉

2012
8月号

夏にまとめて理科と社会
入試によく出る
著者別読書案内

SCHOOL EXPRESS
國學院大學久我山

Focus on
東京都立西

2012
7月号

高校入試の疑問点15
熱いぜ！　体育祭！

SCHOOL EXPRESS
開智

Focus on
神奈川県立湘南

2012
6月号

難関校・公立校の
入試問題分析2012
やる気がUPする文房具

SCHOOL EXPRESS
専修大学松戸

Focus on
埼玉県立川越

2012
5月号

先輩に聞く
難関校合格のヒミツ!!
「学校クイズ」に挑戦!!

SCHOOL EXPRESS
筑波大学附属

Focus on
東京都立小山台

2012
4月号

私立の雄 慶應を知ろう！
四字熟語・ことわざ・
故事成語

SCHOOL EXPRESS
本郷

Focus on
千葉県立千葉東

2012
3月号

いざっ！都の西北早稲田へ
勉強が楽しくなる雑学
【理科編】

SCHOOL EXPRESS
豊島岡女子学園

Focus on
東京都立三田

2012
2月号

入試直前対策特集
受験生に贈る名言集

SCHOOL EXPRESS
春日部共栄

Focus on
千葉市立稲毛

2012
1月号

中3生向け冬休みの勉強法
東大生に聞く
入試直前の過ごし方

SCHOOL EXPRESS
法政大学

Focus on
神奈川県立多摩

サクセス15 バックナンバー 好評発売中!

How to order バックナンバーのお求めは

バックナンバーのご注文は電話・FAX・ホームページにてお受けしております。詳しくは84ページの「information」をご覧ください。

これより前のバックナンバーはホームページでご覧いただけます（http://success.waseda-ac.net/）

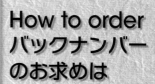

＜コーナー名＞

ア行
あたまをよくする健康…… 51
あれも日本語、これも日本語…… 48
宇津城センセの受験よもやま話… 34
英語で読む名作…… 40

カ行
高校受験ここが知りたいQ&A … 55
高校入試の基礎知識…… 68
公立CLOSE UP …… 64
今年出た！高校入試の記述問題にチャレンジ… 7

サ行
サクセスイベントスケジュール… 81
サクセスシネマ…… 54
サクセス書評…… 53
サクセス広場…… 75
サクセスランキング…… 74
サクニュー！！…… 52
15歳の考現学 …… 58
私立INSIDE …… 60
私立高校の入試問題に挑戦!! …… 72
SCHOOL EXPRESS …… 18
School Navi …… 22
世界の先端技術…… 50

タ行
大学ナビゲーター…… 46
楽しみmath数学！ DX …… 38
中学生のための学習パズル…… 70
トウダイデイズ…… 17
東大入試突破への現国の習慣…… 36
図書館で勉強しよう…… 14

ナ行
なんとなく得した気分になる話… 56

ハ行
バックナンバー…… 82
Focus ON 公立高校…… 24

マ行
正尾佐の高校受験指南書…… 30
ミステリーハンターQの歴男・歴女養成講座… 49
みんなの数学広場…… 42

ワ行
早稲田アカデミー主催2013高校入試報告会… 6
和田式教育的指導…… 28

＜本文中記事＞

ア行
青山学院高…… 18, 60
青山学院女子短期大…… 21
青山学院大…… 18, 22
青山高（都立）…… 7, 57, 69
秋田国際教養大…… 59
足立学園高…… 61
伊奈学園総合高（県立）…… 67
岩倉高…… 62
上野学園高…… 23
浦和高（市立）…… 67
浦和高（県立）…… 67
浦和第一女子高（県立）…… 67
江戸川女子高…… 60
桜美林高…… 61
大泉高（都立）…… 57
大宮高（県立）…… 66
大森学園高…… 61

カ行
開成高…… 7, 60
学習院大…… 22
柏高（県立）…… 65
川越高（県立）…… 67
川越女子高（県立）…… 67
関東国際高…… 62
共栄学園高…… 62
京都大…… 27, 42
錦城学園高…… 61
錦城高…… 61
国立高（都立）… 24, 57, 60, 69
慶應義塾女子高…… 7, 60
慶應義塾大…… 22, 62
京華高…… 表2
京華商業高…… 表2
京華女子高…… 表2
国府台女子学院高…… 73
小金高（県立）…… 65
國學院久我山高…… 61
國學院高…… 61
国際基督教大学高…… 7, 60
国士舘高…… 62
国分寺高（都立）…… 57
小平高（都立）…… 69
駒込高…… 62
駒澤大学高…… 62
駒場学園高…… 62
小山台高（都立）…… 69

サ行
桜丘高…… 73
佐倉高（県立）…… 65
実践学園高…… 22
GTEC …… 59
週５日制…… 21, 25
集団討論…… 68
淑徳高…… 62
上智大…… 22, 62
城北高…… 60
昭和高（都立）…… 69
昭和第一学園高…… 62
昭和第一高…… 62
新宿高（都立）…… 57, 69
巣鴨高…… 38, 60
墨田川高（都立）…… 57
成城高…… 61, 72
正則学園高…… 61
青稜高…… 61
専修大学附属高…… 61

タ行
大学入試センター試験…… 22, 58
大成高…… 62
大東学園高…… 62
大東文化大学第一高…… 62
拓殖大学第一高…… 61
竹早高（都立）…… 69
立川高（都立）…… 39, 57
多摩大学目黒高…… 62
千葉高（県立）…… 65
千葉高（市立）…… 65
千葉大…… 46
千葉東高（県立）…… 65
中央大…… 22
中央大学高…… 42, 60
中央大学杉並高…… 60
中央大学附属高…… 61
鶴川高…… 62
東京学芸大学附属高…… 7, 39
東京高…… 61
東京工業大…… 27
東京実業高…… 61
東京大…… 17, 22, 27, 28, 36
東京電機大学高…… 61
東京都市大学等々力高…… 62, 67
東京農業大学第一高…… 61
桐朋高…… 表3, 60
東洋高…… 61
所沢北高（県立）…… 67
豊島岡女子学園高…… 60
豊島学院高…… 62
TOEFL …… 58
戸山高（都立）…… 57, 69

ナ行
西高（都立）…… 7, 39, 57, 69
日本大学櫻丘高…… 61
日本大学第三高…… 61, 72
日本大学鶴ヶ丘高…… 61
日本大学豊山高…… 61

ハ行
白鷗高（都立）…… 57
八王子学園八王子高…… 62
八王子実践高…… 62
八王子東高（都立）…… 57
東葛飾高（県立）…… 65
東大和南高（都立）…… 68
一橋大…… 27
日比谷高（都立）…… 57, 68
広尾学園高…… 61
広尾高（都立）…… 61
富士高（都立）…… 57
船橋高（県立）…… 64
文化学園大学杉並高…… 62
文京学院大学女子高…… 62
法政大…… 22
法政大学高…… 61
宝仙学園高理数インター…… 62
豊南高…… 62
朋優学院高…… 61
保善高…… 61
本郷高…… 61
本所高（都立）…… 69

マ行
幕張総合高（県立）…… 65
三田高（都立）…… 69
武蔵高（都立）…… 38, 57
武蔵野高…… 62
村田女子高…… 62
明治学院高…… 60
明治大…… 22
明治大学付属中野高…… 38, 61
明治大学付属中野八王子高…… 61
明治大学付属明治高…… 60
目黒学院高…… 62
目白研心高…… 61

ヤ行
薬園台高（県立）…… 65
安田学園高…… 62
八千代高（県立）…… 65

ラ行
立教大…… 22
立正大学付属立正高…… 61
両国高（都立）…… 57

ワ行
早稲田実業学校高…… 38, 60
早稲田大…… 22, 59, 62
蕨高（県立）…… 66

編集後記

取材でさまざまな高校の校長先生にお話を伺うと、多くの校長先生が異口同音に「好奇心を持って、いろいろなことに取り組んできた生徒さんに来てもらいたい」と話されます。中学の3年間は勉強に加えて、人によっては部活動や習いごとなど毎日両立で精一杯ということもあるでしょう。中学3年生ともなれば、受験勉強もあります。

ですが、できることなら、ときどきはそれ以外のことにも目を向けてみましょう。映画でもいいし、美術鑑賞でもいいと思います。音楽などもいいかもしれません。勉強や部活動など普段していること以外にも興味を持って生活することが、案外みなさんの高校受験の助けになるかもしれませんよ。（C）

Information

『サクセス15』は全国の書店にてお買い求めいただけますが、万が一、書店店頭に見当たらない場合は、書店にてご注文いただくか、弊社販売部、もしくはホームページ（下記）よりご注文ください。送料弊社負担にてお送りします。

定期購読をご希望いただく場合も、上記と同様の方法でご連絡ください。

Opinion, Impression & etc

本誌をお読みになられてのご感想・ご意見・ご提言などがありましたら、ぜひ当編集室までお声をお寄せください。また、「こんな記事が読みたい」というご要望や、「こういうときはどうしたらいいの」といったご質問などもお待ちしております。今後の参考にさせていただきますので、よろしくお願いいたします。

サクセス編集室

TEL 03-5939-7928

FAX 03-5939-6014

高校受験ガイドブック2013 6 サクセス15

発行　2013年5月15日　初版第一刷発行

発行所　株式会社グローバル教育出版

〒101-0047 東京都千代田区内神田2-4-2

TEL　03-3253-5944

FAX　03-3253-5945

http://success.waseda-ac.net

e-mail　success15@g-ap.com

郵便振替　00130-3-779535

編集　サクセス編集室

編集協力　株式会社 早稲田アカデミー

Success15

6月号

Next Issue

7月号は…

Special 1

男子校・女子校・共学校それぞれのよさを知ろう！

Special 2

文房具特集2013

School Express

栄東高等学校

Focus on

神奈川県立横浜翠嵐高等学校